JN198213

NONFICTION
論創ノンフィクション
058

沖縄では海を見ない

「内地」との二拠点生活日記 3

藤井誠二

論創社

まえがき

本書――沖縄との二拠点生活日記――は『沖縄の街で暮らして学んだたくさんのことがら』、『沖縄でも暮らす』に続く第三弾になる。

ぼくはフリーランスのライターなので、沖縄の自宅に滞在している期間も、沖縄に関わる取材活動に勤しんでいるか、こもって原稿を書いたり資料を読んでいる。本書はその記録でもある。

一冊目と二冊目の二拠点日記は新聞社や出版社のウェブサイト上で公開していたものに加筆したものだが、それらの媒体はすべて廃刊になってしまった。したがって拙稿もすべて消え、紙で残ったということになる。本書に収録した日記の最初の数回だけは、廃刊したウェブ媒体にいったんは公開されていたものである。

ウェブサイトが閉鎖されたあとも日記はつけ続け、何回かはSNSで公開していたが、やがてそれもめんどうくさくなり、やめてしまった。が、沖縄で日記をつけることはやめなかった。だから、本書の大半は「未公開」の日記ということになる。日記に併わせ、いくつかの媒体に書いた、沖縄に関連する短いルポも前作と前々作同様に収録した。

沖縄滞在中は時間がいつもあっと言う間にすぎていく。沖縄と二拠点生活というと、のんびりした生活を送っているというイメージがあるらしいが、まったくそんなことはない。沖縄を一般的なイメージだけでとらえていると、沖縄に癒されにいくという思考に結びつくのだろう。沖縄という土地の中で、ヤマトンチュとしての自分の役割を探して、人に会い、話を聞く。

さまざまな立場で書かれた沖縄関係の書物と向き合い、ないアタマをひねる。夜になればたいがい町に出て酒を飲む(以前より減ったが)。そんな日々が過ぎる体感スピードは速い。

観光ガイドブック的な書籍から、来沖時に知っておくべき「心構え」を記したやや難解な本まで、「沖縄」について書かれた本は無数にある。

沖縄には県産本というカテゴリーがあるぐらいだから、「沖縄という時空」は内側からも、外側からも、あるいは境界線上からも、さまざまな思想や視座で観察され、発信をされている。一つの土地にこれだけの多種多様な本があるのは例がないはずだ。

ぼくの拠点日記はどちらかといえば、沖縄初心者——沖縄はリピーターが多いのであえてこうした言葉を使わせてもらう——に読んでもらえたらうれしい。もちろん、県外から沖縄に行き慣れた人にも、どこのページからでもいいからめくってほしい。

「沖縄」のことを考えるきっかけになる断片のようなことを、できる限り詰め込んであるつもりだが、ぼく自身、いまだに沖縄で「迷子」になっている。その迷子ぶりが伝えられたらとも思う。

目次

笑福

第一章　基地の島

2022年8月

8月5日　沖縄に対する偏見や思い込みは後を絶たない

夜、遅くに那覇空港着。二カ月近くのはりつきの仕事が終わったので、終わった翌日にやってきた。抗原検査キットを何回か分、鞄に入れてきた。疲れていたのでどこかに食べにいく気力がわかず、空港のコンビニで売れ残っていた惣菜や弁当を買い込んで、自宅でビールを飲みながら食す。

六月一八日配信の「文春オンライン」の真山仁さんの『『味噌汁は蛇口から出てくると思っている』『バースデーケーキの意味が分からない』…沖縄と本土の〝ネグレクトの違い〟を生んだ衝撃の理由」と題された記事がずっと引っかかっている。真山さんともあろう方が――悪意は感じられないが――こんな偏見的印象論としか読めない文章を書くなんて。

まず、沖縄で子どもの貧困問題に取り組んでいる山内優子さんの、「本土のＤＶの大半は、教育＝しつけから始まる場合が多い。叱るだけでは効果のない我が子に対して、〝しつけ〟のつもりで暴力を振るい、それがエスカレートして死なせてしまうケースです。ところが、沖縄では、そういう例は珍しい」(中略)、「まずは無関心。しつけをしたいと思うほど他人に関心がないし、人の心配をする生活の余裕もない。だからネグレクトが多くなります。暴力を振るうときも、それは粗暴な八つ当たり。自分のストレスのはけ口として、弱い妻や子どもを殴る。そのため、執拗な暴力によって殺してしまうという例が少ない」というコメントを冒頭に紹介している。

そうだろうか。現場で活動をしている山内さんならではの感じ方なのだろうが、子どもに対するドメスティックバイオレンスに沖縄と「内地」に質的な差異があるとは、ぼくは思えない。沖縄へ好奇の目が集まるような煽るような視線。

親に料理を作ってもらった経験がなく、味噌汁は水道の蛇口から出てくると思っている子、誕生日を祝ってもらったことがなく、バースデーケーキを用意しても、その意味を知らない子もいる。また、ある施設は、家族が家事をしてくれない子には、自分たちで服を洗濯させて、それを着て、家に帰すようにしている。(同記事より)

このように伝聞したような話として真山さんは書いているが、日本全国で起きている問題をあたかも沖縄特有の問題にすりかえるような書き方に、ぼくには読めてしまう。たしかに沖縄の子どもの貧困状況は深刻だ。ぼくも沖縄で、「崩壊」している家庭の子どもたちの「居場所」

づくりをしているNPOのお手伝いをしているが、さすがに「味噌汁は水道の蛇口から出てくると思っている子」の話は聞いたことがない。仮にぼくが聞いたことがないだけにしても、ごくごく一部のことだろう。百歩譲ってそんなふうに考えている子どもがいるとすれば、それをクローズアップして沖縄の「一般論」的にすりかえていくことが、ぼくには不愉快なのである。

一九七一年に公開されたドキュメンタリー映画『モトシンカカランヌー』の共同監督で、ぼくもずいぶんお世話になった井上修さんの訃報を六月に聞いていた。映画の紹介を含めて、井上さんのインタビューも拙著『沖縄アンダーグラウンド』（二〇一八）におさめさせていただいたし、拙著刊行がきっかけになり、『モトシンカカランヌー』が再評価され、いっしょに上映後トークを何回もおこなったりした。井上さん、ありがとうございました。合掌。

8月6日　コザで川田広樹さんの芝居を観る

朝、バルコニーに出てみると、数十メートル先の二階建ての赤瓦の木造古民家が解体されている真っ最中だった。何年も人が暮らしている気配がなかったけれど、地域のランドマークの一つが消えた。午前中はバルコニーの枯れ葉などの掃除やら、東京から送ってきた荷物を仕分けしてすぎていく。昼にモノレールで「てだこ浦西」駅まで行って久々に「BOOKSじのん」で天久斉《あめくひとし》さんとゆんたく。比嘉豊光さんの写真集『全軍労・沖縄闘争』（二〇一二）、最近亡くなった森崎和江さんの『からゆきさん』（一九七六）、G・ガルシア＝マルケスの『迷宮の将軍』（一九九一）をもとめる。

そこからタクシーに乗り、沖縄市の「沖縄市民小劇場あしびなー」へ『民宿チャーーチの熱い夜20』を観劇に。「AERA」の「現代の肖像」で書くために取材をしている、ガレッジセールの川田広樹さんが出演しているからだ。芝居に「20」とつくのは二〇回目という意味だ。

観たあとは、胡屋十字路まで歩き、インド料理店の「アーユルヴェーダ」でビールとチキンティッカとマトンサグワラ、プラオという名だったかな、インド式焼き飯を喰う。客はぼく一人だったが、店主に「前に一度、来たことある?」と聞かれる。「初めてですよ」。しばらくすると、米兵か軍属かわからないが、それほど屈強そうな体軀ではない白人と黒人の若者グループがノーマスクでやってきた。常連みたいだ。ぼくは食べ終わると、繁華街のど真ん中にあるホテルにチェックイン。ニュースを観ているうちに寝てしまった。

8月7日　川田広樹さんの実家に寄らせてもらう

ホテルをチェックアウトして、胡屋十字路の上間てんぷら店で、野菜炒めや唐揚げがのっかったちいさめの弁当とお茶を買い、店の前のベンチに座って喰う。さきほど数人のグループが道路を掃除している光景に出合ったが、このゲート通りも掃除をしているのだろう、夜の喧騒からして翌朝はそうとうのゴミが散乱していてもおかしくないのだが、ゴミがほとんど落ちていない。

手作りソーセージの「TESIO」の横なので、オーナーの嶺井大地さんが出勤してくるかなあと思っていたら、案の定、「藤井さーん、何してんですかあ」と彼の声がした。話すのは久しぶり。そのあと、タクシーで沖縄県総合運動公園前のコンビニへ。カメラマンの関康隆さんと合流。レンタカーが一日数万円する時節だが、キャンセルが出たようで通常よりちょっと高め程度の金額で借りることができたようで、彼は那覇からやってきた。

そこにガレージセールの川田広樹さんが登場。近くの海岸で釣りをしているシーンをみんなで膝まで海に入って撮影。快晴で気持ちがよい。海岸の岩場を歩いていたらもともとぼろぼろだったビルケンシュトックの草履が壊れてしまった。すぐにぬげそうになるのでゆっくり歩くはめになる。川田さんの実家がすぐ近くなので、そこで二時間ほどインタビューをさせていただく。お母様に大量のゴーヤーをいただいてしまい、恐縮。

川田さんは今夜、東京に発つので、荷物をぼくらのレンタカーに載せて、もう一カ所、彼の生まれ育った首里の周辺で撮影。そのあと、フライトまで間があったので、牧志のアーケード街にある「大衆酒場屋シーサー」でセンベロ。店主が川田さんに「後輩です」と言って挨拶していた。店の前の屋外テーブルで飲んでいた親子連れは川田さんに記念撮影を頼んでいた。

そこから「浮島ブルーイング」で絶品のクラフトビールを何杯か飲んでいると、川田さんがかつて組んでいた漫才コンビの男性が合流してきた。米軍基地労働者として二〇年働いているという。そのあとはお決まりのセンベロ寿司「米仙」。オープン直後なのに満席状態。さっそく川田さんに気づいてはしゃいでいる人たちのテーブルが。沖縄は芸能人との距離が「近い」のだなあ。

破損した草履をぼくが引きずるようにしてはいていたから、川田さんの元相方がぼくの歩き方が不自然なことに気づいてくれて、なんと付近の島草履屋で島草履を買ってきてくれた。こういうのが、心にしみる。感謝。「米仙」には石垣牛とウニをのせた、ぼくが「痛風握り」と勝手に命名している逸品があるのだが、スリッパになぜか元相方は「痛風」とマジックででかでかと書いて渡してくれた。意味はないけどオモロい。そうこうしているうちに川田さんのフライト時間が迫ってきてしまい、関さんがレンタカーで空港まで送ってくれた。ぼくと元相方は栄町の「福岡アバンギャルド」でもう一杯だけ飲んだ。

8月8日　新刊見本が届いた

かるく二日酔い。『誰も書かなかった玉城デニーの青春―もう一つの沖縄戦後史』（光文社）の見本一〇冊が届いた。手に持った感じがいい。政治性にはほとんど触れず、彼の少年期・青年期を沖縄戦後史と重ね合わせたオーラルヒストリー・ノンフィクション。

その他の荷物を受け取ったり、部屋の掃除、洗濯。洗濯中に洗濯機がついに壊れてしまった。前々からだましだまし使っていたのだが、ついに寿命か。新都心の家電量販店へ洗濯機を買いに出かけ、いちばん安いやつを買った。

夕刻に、たまたま取材で那覇に来ていたライターの尹雄大《ユンウンデ》さんと合流。今日もセンベロ寿司「米仙」に足が向く。したたかに酔う。彼は近々、京都から郡上八幡へ短期移住するそうだ。流浪の書き手だな。

8月9日　今日も尹雄大さんと飲む

昼近くまで寝て、午後から琉球新報社へ。上原修記者のインタビューを受ける。むつみ橋のスタバで本を読んで、昨夜に続いて尹雄大さんと合流。東京からやってきた光文社の小松現さんも合流。彼は、八月一六日からジュンク堂那覇店で先行発売する『誰も書かなかった玉城デニーの青春』を担当してくれた。安里の「鶴千」でいっしょに晩飯。仕事を終えたジュンク堂書店の森本浩平さんも合流。

8月10日　沖縄と旧統一教会はもっと調べる必要がある

玉城デニー知事を訪問するために光文社の小松現さんとパレット久茂地で待ち合わせ。早めに着いて「楽園カフェ」でコーヒーを飲んでいたら、またもや土産を物色する尹雄大さんとばったり。隣の席でコーヒーを飲む。そのうちに小松さんが合流してきて、県庁で玉城デニー知事と面会。二年近くにわたって取材に応じていただいた『誰も書かなかった玉城デニーの青春』完成の御礼。デニーさんにはあらかじめ送付してあったが、出来ばえに満足そうで一安心。

犯罪被害者遺族の集まりである「ひだまりの会 okinawa」の「孤立させない、途切れのない被害者支援とは何か」と題したオンラインシンポジウム――配信会場に顔を出さないかと誘われていたので――に少しだけ参加して、次の用事へ。きちんと拝聴せねばならない内容なのだが、後日、配信を聴くことにする。

「琉球新報」(二〇二二年八月一〇日付)に九月の知事選に立候補する佐喜眞淳さんの公約が出ていた。旧統一協会の行事に参加していたことについて質問されると、「県民に誤解を招くような行動は深く反省し、おわび申し上げたい。知らなかったとはいえ、報道されて誤解した県民もいる。反省する」と返答していた。何を「釈明」しているのか、さっぱり意味がわからない。七月二七日にはこんな釈明文を「報道関係者の皆さまへ」と題して出していた。

先日、私が参加した台湾の行事について、一部報道がありました。私が今夏の知事選に立候補を表明していることから報道があったものであり、ご支援いただいているみなさまにご心配をおかけしたことを深くおわび申し上げますとともに、この点についてはまったく問題がないことをご説明する必要があると思いました。

まず、初めに申し上げなければならないことは、私は、旧統一教会の信者でも会員でもありません。私の政治活動に対し寄附を受けたこともありません。

旧統一教会については、様々な問題が報道で指摘されていますが、宗教団体に限らず、すべての社会の構成員は法令を遵守し適切に行動すべきことは当然であり、これに違うような行為が許されないことはすべての人に異論のないところだと思います。

その上で、一部報道にありました二〇一九年九月の台湾訪問について、ご説明いたします。

この訪問は、日ごろからお世話になっている先輩議員などからの誘いで、台湾の桃園市当局、監察院などの行政機関や国会の訪問などを目的として、国連NGOであるUPF（天宙平和連合）の平和大使協議会の視察に参加したものです。

国連NGOというのは、「国連にとって重要なパートナーであり、かつ国連と市民社会を結びつける貴重な存在である。政策や事業計画の共通の関心事項について定期的に協議が行われる。NGOの数は世界で増え続けているが、国連諸機関がその目的を達成できるように日々国連と協力している。」（国連広報センターHPの説明）組織であり、その社会活動の趣旨に賛同し、参加しました。この団体は国連で社会活動をしているNGO団体であり、宗教団体である旧統一教会であるという認識はありませんでした。

その日程の中で報道された「式典」がありました。この式典は、旧統一教会のことでよく報道されている、いわゆる「合同結婚式」とは違い、なんらかの事情で結婚式が挙げられなかった既婚の夫婦のための式典との説明でした。また、桃園市が広報するなど、この式典を後援しているとの説明もありました。

このほか県内で行われた平和大使協議会の会合に、支援者や先輩議員などに誘われて数回お付き合いをしたことはありますが、旧統一教会の宗教行事であるとの認識はありませんでした。

以上が事実であり、なんらやましいところがないことを、ご支援いただいているみなさまにご説明いたしました。

いずれにしましても、旧統一教会との関係をめぐり、誤解を招くような経緯があったことにつきましては深く反省しております。今後はしっかりと気をつけて参ります。

旧統一協会の行事に参加していたのは、彼が宜野湾市長だった時代だが、カルト団体である統一協会の実態を知らなかったわけがあるまい。台湾でおこなわれた合同結婚式にも参加している。ずぶずぶな関係をきちんと説明してほしい。それにしてもこの「全文」からも推察できるように、野党・自民党の県議にも旧統一協会と関係が深い議員が何人もいるはずだ。この人はことの重大さをわかっているのか。見苦しい言い訳を重ねるより、佐喜眞さんは出馬自体を辞退するべきではないのかと思う。

8月11日　お笑い芸人・金城博之さんに会う

沖縄へ来てからずっと快晴だったが、今日は雨が降っている。いただいたゴーヤーを使って焼きそばを自炊。冷凍ブロッコリーにマヨネーズをかけて食べる。正午に歩いて芸能事務所FECの稽古場にお笑い芸人・ハンサムの金城博之さんをたずねる。金城さんといえば「護得久《ごえく》栄昇《えいしょう》」キャラで相変わらず沖縄県内で大ブレイク中。取材を終えたあとは、歩いて壺屋にいって、古いビルをリノベした「ブンコノブンコ」のコワーキングスペースでコーヒーを飲みながら、その場で買った阿久津隆さんの『読書の日記』(二〇一八)のページをめくる。小一時間居て時間になったので、「kukulu(ククル)」へ。同所は引きこもりの若者等を支援するNPO法人「ちゅらゆい」が運営している。いま、ぼくが原作を担当し、田名俊信さんが作画を担当した、「kukulu」の子どもたちの体験した実体験を漫画化した本をつくるクラウドファンディングをおこなっている最中だが、ぼくが寄付を呼びかけるメッセージ動画を上原岳文さんが撮る。

8月12日「ぼくはこの風体なんで、アメリカー、アメリカーといじめられたよ」

沖縄そばをかるくフライパンで焼きつけたものに、冷凍保存してあった吉野家の牛丼をかけて食べる。インタビューの文字起こし作業をえんえんと続ける。昼過ぎに洗濯機を交換しにきてもらう。たしかこれで洗濯機は三代目。たまっていたシャツなどを洗って干す。夕刻、センベロ寿司屋「米仙」で知花園子さんと合流して飲み食いしたあと、栄町市場場内の「おとん」に顔を出してもう一杯。

『誰も書かなかった玉城デニーの青春』で割愛した方の「語り」をここに再録しておきたい。その方は一九六八年生まれの男性で、地元放送局で番組のウェブページをつくったり、管理するなどの仕事を任されている。

ぼくはこの風体なんでアメリカー、アメリカーといじめられたのですが、太っている子とか、小さい子とか、それが理由でいじめられたり、そういう時代でした。ふつうの沖縄の人

間だったらいじめられなかったのかなとか、ワラバー（子ども）のときとかはシージャー（先輩）から呼ばれてこの髪は何か？ とめっちゃ殴られたりしていましたから。

コザで生まれて半年後くらいに石嶺という那覇の端っこに引っ越しました。ずっとオフクロがコザにいたんで、ちいさい頃はよくコザに行ったり、ぼくのような立場の子どもを、当時はパールバック財団の社会的、金銭的なサポートがあって、オフクロは宜野湾の事務所によくぼくを連れていってましたね。母は沖縄出身で、父は海兵隊の白人大尉でした。うちのオフクロはキャンプキンザーで勤めていたんです。

中三のときに平和学習とかいって、いかに米軍が火炎放射器で住民を焼き殺したかと、ぼくの目の前で先生は言ってますからね。アメリカーと言われて、五〇歳ぐらいの人に顔につばをはきかけられたりもしました。うちのオフクロを蔑むようなこと言ったりするわけですよ。〝おまえ、アメリカワラバー〟ってオフクロのことを蔑む。子どものときいじめられて四〜五人と喧嘩して椅子でぶんなぐったこともあります。ある会社の社長から、「混血児、おまえ、仕事があってよかったな」と言われたこともあります。社長はあとで「ごめんな」と謝ってましたが。

祖父は船乗りなんだけど、行方不明になっちゃって、祖母が再婚するということになって、娘であるオフクロは親戚をたらいまわしになっていたんです。コブつきだと結婚できないからという理由で。で、また船乗りと祖母は再婚したんですが、しばらくすると娘（オフクロ）の存在がバレちゃった。

ちょうどそのときに糸満の親戚に（オフクロが）預けられているときに、呼びなさいという話になった。オフクロはあかんぼうのころからたらい回しにされて、ずっと下働きをして大きくなって、小学二年生ぐらいのときに那覇の東町に呼ばれて行ったら、当時はデパートがあったりして栄えていて、ちょっと大きめの家だった。羽振りのいい家で、ランドセルしょわされて、人力車で習い事させられて――新しい父は腎臓が悪くて兵隊にとられなかった――一年ぐらいはそのお姫様生活をしたのですが、十・十空襲があって全部燃えてしまった。

みんな大里まで逃げていて、軍がおじいちゃんのところに来て、おまえはエンジニアだし、精米機を直せと命令されたみたい。直してもいいけど、ここに逃げてきた人たちに米を配ってほしいと言ったら、連隊長が配るから直してくれと言ってきた。そして、連隊長は南には逃げるなと、みんな北に逃げろ、日本軍のトラックが嘉手納まで行くから乗れるだけ乗れと言ってくれた。うちの家族は全員乗って嘉手納まで行き、漢那まで歩いた。その途中でおじいちゃんは病気を発症して死んでしまった。読谷から米軍が上陸してきたというので逃げて、途中でおっぱいのんでいた母の（異母）妹が死んだ。オフクロとおばあちゃんと弟だけで逃げたんです。祖母はだんなは亡くして、子どもも死んだから、アタマおかしくなっちゃったわけです。海に入って自殺しようとしたりして、けっきょく死んじゃうんです。当時はオフクロは一〇歳ぐらいで、戦時真っ最中です。

戦争はそんなだからこわいよと、しょっちゅう聞かされてました。漢那まで逃げて、家族を埋葬していきながら、異父きょうだいの六歳ぐらいの弟と二人で生き残ったんです。どこで聞きつけたか糸満の親戚がやってきて漢那から糸満に連れ返されて、また糸満の親戚たらいまわしにされた。同時に自分でいっしょうけんめい勉強してキャンプキンザーのタイピストの試験を受けにいって――ハウスメイドしながらやっていたけど――二人募集の部署に二〇〇～三〇〇人が集まっていたらしい。給料がとってもよかったから、琉球大学卒で名門の人とかきれいな女の人がいっぱい来ていたんだけど、うちのオフクロはヒンガー（汚れた人）だった。

カシャカシャとタイプの試験が始まるとみんなスーパー速いらしいんですよ。これはだめだと思ってとぼとぼおうち帰ってきたんですが、どうしようと思っていたら、採用のハガキがきたんです。理由は超ラッキーで、採用の二人は二人ともノーミスだったそうです。そこで仕事しているうちにうちのオヤジと知り合って、ぼくが生まれるのだけど、オヤジは完全に不倫だったんですよ。

前の妻との間に二人娘もいて。その妻も日本の方なんですよ。内地に駐屯しているときにできちゃった。何をやっとるんだ、おまえ（父）は、という感じなんですが、前の家族は内地に残していたんです。アメリカの家はデカい牧場をやって、八人兄弟の長男だった。そういうことはわかっていて、オフクロは父とは仲良くしていたみたいです。

祖母が嫁ぎ直した家が宮平姓なんで、ぼくは親戚の中でもいちばん外様《とざま》なんです。父は任期後にアメリカに帰ったあと、ぼくが九〜一〇歳になるまでは毎月、手紙も来てたし、何百ドルと援助もしてくれた。ぼくを一歳になる前に腕枕しているのが最後の写真だから、顔は覚えてないですね。その後は会ってない。

ぼくが大学生ぐらいになると事情がわかってくるから、カネためてアメリカに父に会いに行こうと思った。でも、それをオフクロに言ったら泣かれて、行かないでくれって。泣き崩れて嫌がるから、やめようと思ったんです。私が選んであんたと二人でここまで（人生を）きてるんだからと泣くんです。自分の人生をぼくに注ぎ込んできたくれた人だったんで、そう言われたら聞かざるをえない。オクフロは俺が尊重しなければ誰が尊重するかというふうにぼくも思っていたので、エゴを通すことはできなかった。ほんとうは、オヤジに会ってぼくに何を言うか聞きたかった。何を言うかによってクルそう（殺そう）かなと。オフクロがどんだけ苦労したかわかってるかってぼくは言ってやりたかった。オフクロは経済的にもきびしかっただろうし、父にむかしは会いたかったと思うよ。ぼくはオフクロを常に見ているので、その気持ちがわかる。父に対して、〝おまえどういうつもりよ〟と言ってやりたい気持ちが常にあったんです。

オンナ手一つで貧乏で。なんでこんなひどい目にあうのか。父はぼくが小学三～四年までサポートしてくれたんですが、母は父から手紙がくるたびに泣いて読んでました。しかし、それからパタっと手紙もこない。オフクロは（父は）死んだものと思っているよ、と言ってた。あんたもそう思いなさいって。

その後の父の人生はわからない。オフクロももう亡くなっているので。いまはもういいかなって気持ちですね。考えて、いいものを得られるんならいいですけど、ヘンな父母の葛藤を知るようになるのも嫌だし。

デニーさんの前の知事の翁長雄志さんが内地へ行って、沖縄は差別されていたんだって怒って帰ってくる。気持ちはわかるんですけど、ぼくらからすればいまさらな感じで、ウチナーが内地でそういう差別的な扱いを受けたこともあったし、ウチナーの中でもぼくらとか、宮古島とか石垣島出身の人に対して差別があったからね。

8月13日　「お笑い米軍基地」を観にいく

昼前まで寝ていて、またしてもゴーヤー焼きそばを自炊。新しい洗濯機がきたことがうれしくてベッドシーツ（インドの布だが）などいろいろ洗う。いくつかアポ取りをしたり、インタビューの文字起こしなどを夕刻まで続ける。

夕刻に、ＦＥＣの芸人・小波津正光《こはつまさみつ》さん率いる「お笑い米軍基地」に招待してもらったので、普久原朝充《ふくはらともみつ》さんを誘って「なはーと」にて観劇。観客席の案内をハンサムの金城博之さんがやっていたのには笑ってしまった。「護得久栄昇って気づかれないの?」と聞いたら、「たまに気づかれます」。観客は一二〇〇人。満員。「沖縄米軍基地 復帰50周年記念なはーと編」は一部がコントで二部が芝居。いやはや、めちゃくちゃおもしろかった。とくにコントは何本も上演されたが、「旧統一教会問題」などの時事ネタをこれでもかとぶっこんできて、沖縄なら誰でも知る有名人や、政治家（実名で登場させている）を斜め横からときに真正面からぎりぎりのところで「斬り」、「嘲笑」する。笑いの真髄見たり、という感じ。小波津正光、ますますきれまくっている。

夕刻も夜も人通りは普段より少なく感じたのに「なはーと」は満員。会場は爆笑につぐ爆笑。普久原さんと帰り道にいつもの「米仙」に寄って晩飯。沖縄の高校野球を描いた『沖縄を変えた男　栽弘義―高校野球に捧げた生涯』（二〇一二）や『まかちょーけ　興南―甲子園春夏連覇のその後』（二〇二〇）などの高校野球もののノンフィクション等などを著してるノンフィクションライターの松永多佳倫さんと元ＮＨＫの松下温さんが飲んでいらしたので、テーブルに混ぜてもらい閉店までバカ話。

8月14日　玉城デニーさんと対談

昼前に起き出して大量のほうれん草とソーセージで焼きそば。すぐにパソコンに向かう。夕方になるとジュンク堂書店へ。一九時から玉城デニー知事とオンライントーク。取材で何度も何度も会っているのに少し緊張。新刊『誰も書かなかった玉城デニーの青春』のプロモーションの一環。プロパガンダと言われようが――中身を読んでからにしてほしいが――言いたい人は好きなように言ってくれ。沖縄ではジュンク堂書店だけ明後日の八月一六日から店頭に並ぶ。ジュンク堂書店の地下にしつらえられたスタジオで、デニーさんと楽しくオンライントークしたあとしばし歓談。

おもてに出ると写真家の垂見健吾さんとばったり。みんなで記念写真を撮る。森本店長とかるく飲んだあと浮島通りを歩いていると、いつも「米仙」で働いている女性スタッフ――伊是名島の出身だということを初めて知った――とばったり会ったので、「華」で餃子をごちそうする。餃子のお土産も渡す。

8月15日　渡辺考さんの新刊をめくる

昼近くまで寝てしまった。いくつかメールを送り、今日はやーぐまい仕事宣言。NHK那覇放送局の渡辺考さんの新刊『どこにもないテレビ―映像がみつめた復帰50年』（二〇二二）をめくる。沖縄の戦後史をテレビ番組で追う内容だ。

8月16日　キャンヒロユキさんと飲む

新刊『誰も書かなかった玉城デニーの青春』が全国に先駆けて那覇のジュンク堂で販売が始

まった。ジュンク堂に行って、平積みしてもらっている拙著を見る。森本浩平店長と少しゆんたくして、「米仙」で構成作家のキャンヒロユキさんと会う。キャンさんの友人の浅倉彩さんらが合流。

8月17日　打越正行さんと昼から飲む

正午に栄町の定食屋「ヘンサ森」へ歩いていき、社会学者の打越正行さんと久々に会う。なんでもゼミ旅行で来ているそうで、学生らと解散したばかり。小型バスの運転は深谷慎平さんが務めたそうな。久しぶりの打越正行さんと昼飲み。深谷慎平さんも合流してきたが、このあとに仕事があるそうでアルコールなしで中座。打越さんとぼくはカツカレーやソーキなどをつまみにビール。いいかげん酔っぱらってきたところで土砂降り。とりあえず、栄町場内に走り込み、すでに暖簾を出していた「骨汁屋」で、センベロ。看板に偽りなく、なかなか美味い。牛などの背骨についた肉をしゃぶる。飲んでいると、打越さんが、トイレに行く途中で上原ゆかさんとばったり。上原さんも合流して飲む。栄町のマンダレー食堂の松田長潤さんがたまたま入ってきて、久々のご挨拶。なんだかんだで夕刻になり、帰って床で寝てしまう。

8月18日　伊江島へ戦争体験者の話に耳を傾けに行く

長距離バスに乗って本部港へ。「お客さん、本部港で降りるって言ってませんでした?」というドライバーの声で目が覚める。寝落ちしてしまっていたようだ。それから一日に五便あるフェリーに乗って三〇分、伊江島へ取材に行く。

八四歳の内間亀吉さん。六歳のときに伊江島に米軍が上陸してきた。凄惨をきわめた伊江島戦の体験をお宅の居間で聞かせていただいた。

「伊江島に米軍が上陸したのは昭和二〇年の四月ですが、その前の島の様子、戦争が終わって捕虜になって、その後の生活状況を若い人たちに話しています。当時は住民登録というのがありませんでしたから住民が何名いたかわからないですが、捕虜になったのが二〇〇〇名ぐらい。亡くなったのも一五〇〇名ぐらい。でも、伊江島の〝慰霊の礎〟に刻名されているのは、四二〇〇名ぐらいなんですよ。どちらが増えたのはわからないが、住民が一八〇〇名、兵隊が二三〇〇名といったところでしょうか」

内間さんの記憶は鮮明だ。一族二五名で壕墓に逃げ込んだ。伊江島では自然壕を墓として利用し、そこに骨壺を納める伝統がある。日本軍は壕墓から骨壺を撤去するように命令した。そこに住民や日本軍兵士を避難させるためだ。内間さんが後年になって知るのだが、「どうせ死ぬんだから墓で死ねば誰のやっかいにもならない」という理由で祖先の墓で戦火を逃れようとしたという。

数日間にわたる伊江島での戦闘が終わると、米兵がカタコトの日本語で呼びかけてきた。デテコイ。デテコイ。タマハナイ。クダモノアゲル。デテキナサイ……。こんな投降を呼びかける声が二〜三回聞こえた。しかし、大人たちは、死ぬならここで死ぬと決めてきたんだから誰も出るなと命じた。すると、米兵はいったんひきあげたが、しばらくすると戻ってきて「一個の物体を墓の中に投げ込んだんです」。ボンッという音と同時に白い煙が充満した。目は見えなくなり、喉はしめつけられるように痛んだ。阿鼻叫喚。七転八倒。たまらずに内間さんらは壕の外に飛び出した。

「先に出た私たちは助かったんですが、あとのほうに出た人たちは、毒ガスをたくさん吸い

込んだせいでしょう、捕虜収容所で亡くなったんです。二五名のうち生き残ったのは一三名です。私の父も亡くなりました。私は半年ぐらい声が出なかったです。自分では発声しているつもりだけれど、聞いている人たちは何を言っているかわからなかった」

静かな口調で諭すような語り口。当時、日本軍から計三個の手榴弾が渡されたという。後年になって母から聞いたところでは、壕で集団自決しようと誰かが言い出した。しかし、三個で一族二五人全員が死ねるのか、万が一死ねなかったらどうするのか、と話し合いになり、集団自決は実行されなかった。

「最後はこれで死になさいという意味で日本軍は渡した、いいようにとると暗黙の指示、悪いようにとればそこで自決しなさいということ。若い人たちには、こういった話をたくさんしました。深く感じ入っているようでした。私たちはあと何年生きるかわからないから、若い人たちに知ってもらい、後世に伝え、二度とこういう戦争は起こしてほしくない」

もう一人、お目にかかりたい人がいたが、何度行っても留守。あきらめて民宿でシャワーを浴びて、居酒屋兼定食屋「古民家味処結」へ。伊江島在来品種の「江島神力」を使った麦そばが名物。殻ごと粉末にして使っているようで褐色の麵。そこで伊江島在住の玉城デニーさんの親戚と待ち合わせた。店内を見回すと客の大半が移住者らしい。どこの島もそうだろうが、移住者を誘致して過疎化をふせごうとしている。そばを食べたあと、暗闇の島内をクルマで案内してもらう。

アベックらしき二人連れが乗る軽自動車とごくまれにすれ違う。ヤシガニがのそりのそり歩いている。中には轢かれてしまっているものもいるが、伊江島では食べる習慣はないという。道路に寝そべる野良猫もたくさん見た。のろのろ走りながら、なんでこんな小さい島で人口も少ないのに道路が広いのかわかる？　と聞かれて答えに詰まっていると、米軍が土地を接収して、戦車や軍用トラックが走れる軍用道路を勝手に造成したその名残なのだという。

8月19日　伊江島産の島らっきょうをいただく

深夜ドライブに連れていってくれたデニーさんの親戚から大量の土つきの伊江島産の島らっきょうを、お土産にと両手に余るほどの量をいただく。「水に三〇分ほどつければ土も薄皮も指でとれるさ」。民宿で健康的な朝飯を食べてフェリーに乗船。本部港からまた長距離バスに乗り、那覇のバスターミナルで下車。ターミナルビルに入っている「喫茶たけつぐ」という店にたまたま入り、カレーを口に運びながら外の大都会的風景を見ると、ヤシガニがのそりのそり移動していた伊江島の夜の闇とつい比較してしまい、しばしぼんやり。仕事場に帰還して仕事を整理して、水につけておいた島らっきょうの皮を剝いていたら、ぐったりしてきて寝てしまう。

8月20日　島らっきょうパスタを作る

九時すぎに起きて仕事。さっそく島らっきょうをきざんで炒め、ツナ缶とあわせパスタとあえる。で、すぐに仕事。今夜は東京からパートナーが来るので、松山の「酒月」で直に合流することにしている。

8月21日　馬にまたがって伊江島から海を渡り避難した

昼に深谷慎平さんと合流し、彼のクルマで一路、本部港へ。途中で本部の公設市場内の「自家焙煎珈琲みちくさ」で冷たい美味しいコーヒーをいただく。草木染めデザイナーの親富祖《おやふそ》愛さんと親富祖大輔さんにご挨拶しようと思ったがあいにく店は休んでいた。「みちくさ」で聞いたら、ちょっと前まで居たんだけどねーとのお返事。市場内の掲示板に拙著のチラシが貼ってあった。親富祖さんが貼ってくれたんだろうな。感謝。本部港からはクルマごとフェリーで伊江島へ。いま取材をしている川田広樹さんが伊江島へ渡るというので同行させてもらうためなのだが、今日は入れ違いで彼は泡瀬の実家へ帰り、明日また来るらしい。いま、川田さんは伊江島の戦争体験者の話を記録して映像に残すプロジェクトに関わっている。

ぼくはつい一昨日に行ったばかり。今日は、いま川田さんが取材している関係者の方々に、ぼくもインタビューをしようと電話をかけたり、自宅をたずねたりしたが、いずれもコンタクト取れず。今日はあきらめて民宿に戻ろうかと島内をぶらぶらドライブしていたら、その方の一人から電話が。「ごめん、ごめん、携帯の電池が切れちゃってさあ」。その方のお宅におじゃまするとーーさんざん道に迷ったーー親族や会社の従業員が集まるバーベキューパーティが始まるところだった。そこで話をうかがっていると、自宅を何度たずねても留守だった九〇代の方も杖をついてあらわれ、お話をうかがうことができた。馬に乗って海を渡って逃げた九三歳の宮城正仁《せいじん》さんである。

「私が馬に乗って海を越えたのは一六歳のときでした。そのとき父は五二歳でした。長男だから生き延びろということだったんでしょう。リーフを越えるまで父が馬を引っ張りました。馬が怖がらないように目隠しをしたんです。父は馬が泳ぎだすと島にひきあげました。私は本島の今帰仁《なきじん》に向かっていましたが、着いたのは備瀬でした。父はその後、島で戦闘に巻き込まれ命を落としました。私は記憶を忘れかけているから、若い方々にはがんばってほしいですねえ」

九三歳の「おじい」はかくしゃくとしていた。親族の話によると、農機具を引っ張る役目をしていた体格のしっかりした大型の馬で、農作物を入れるための木製の箱のようなものを浮きがわりに馬にくくりつけたようだ。海を泳ぎきった馬の行方はわからないという。

焼いた肉や野菜をごちそうになり、ほろ酔いになり、民宿に帰る。深谷さんはクルマなので、帰りにコンビニ（島内に二軒、ファミリーマートがある）でビールを買った。民宿でシャワーを浴びて、寝る。

8月22日　伊江島から帰る

健康感満載の朝飯を民宿でいただいたあと、川田さんと港で合流。伊江島戦を生き延びたある老人にインタビューするところを見学させていただく。そのあと、ゴルフ場併設のレストランで食事をする。ぼくはお腹が減ってないので、素（沖縄）そば。具はネギだけ。そこで少し川田さんにインタビューして別れ、ぼくはまたクルマごとフェリーに乗って本部港へ。

深谷さんが、名護にうまいパン屋があるんですよ、と言うので「Pain de Kaito」へ立ち寄り、パンを何種類かもとめる。夜は取材を一件こなし、来沖してきたパートナーとセンベロ寿司「米仙」へ。拙著『誰も書かなかった玉城デニーの青春』についての批評を彼女からもらい、ああすればよかった、こうするべきだったと思いを巡らす。

8月23日　栄町「新小屋」で飲む

昼近くまで寝て、昨夜仕込んでおいたビリヤニを二人で食べ、各々がパソコンに向かう。『誰も書かなかった玉城デニーの青春』が発売直後に、那覇ジュンク堂書店で売り上げ一位になった。那覇ジュンク堂書店だけ、内地の発売日よりも先行して売っていただいていた。

沖縄知事選の告示日が二五日。候補者は二期目を目指す玉城デニーさん、前回の知事選でデニーさんに敗れた佐喜眞淳さん、下地幹郎さんら。連日、各地域で決起集会が開かれている。投開票は一一日。晩飯は栄町の「新小屋」。安定の美味さ。太めのソーメン（半田そうめん）を使ったソーメンチャンプルーをスパゲティペペロンチーニ風につくり、粉チーズを雪のように振りかけるという創作料理が想像をこえた美味さだった。

8月24日　映画『モガディシュ』を観る

炊いた長粒米にほうれん草ペーストのカレーをかけて喰う。仕事をしばらくしたあと、パートナーと久茂地パレット内の映画館へ。『モガディシュ—脱出までの14日間』（二〇二一）を観る。これは実話をもとにした韓国映画で、一九九一年にソマリア内戦（反乱軍に敵国視され激しい襲撃を受ける）に巻き込まれた韓国と北朝鮮の大使館員たちの生死をかけた一四日間の脱出劇。映画の幕の閉じ方がさりげなくて余韻がいい。

そのあと、ジャン棚橋さんに手渡したいものがあったから、牧志のカフェ「パラソル」に立ち寄って美味いコーヒーを飲みながらジャンさんとゆんたく。市場内の路地を吹き抜ける風が心地よい。市場場外へ出ると暑さに耐えきれず「桜坂劇場」内の「さんご座キッチン」でビールを飲みつつ、一休み。支配人の下地久美子さんと立ち話。栄町まで行って「ちぇ鳥」で崔泰龍さんが炭火で焼き上げる安定の美味さの焼き鳥を喰いながら芋焼酎「伊佐美」をちびちび飲む。

8月25日　朝食は島豆腐

昼前に起きて、島豆腐一丁に、伊江島でもらった島らっきょうを刻んだものと韓国海苔をかけて食べ、夕刻までパソコンに向かう。そのあと、パレット久茂地の正面にある県民広場で玉城デニー知事候補の「出発式」があるので見にいく。モノレールで二駅。「玉城デニー」の幟《のぼり》が埋めつくしているかと思いきや、思ったより人は少ない印象を受けた。知り合いの記者や議員に何人か会った。パートナーとは、いつものセンベロ寿司「米仙」へ行って晩飯を食べ、「浮島ブルーイング」に寄って絶品の沖縄クラフトビールを一杯飲んで帰還。今回はずっと「Dday One」のアルバムを何枚か繰り返し聴いている。

8月26日　宮城恵輔さんの絵を観にいく

炊いておいた長粒米に豆カレーをかけて喰い、度数を矯正した眼鏡（老眼鏡）を受け取りに「OPTICO GUSHIKEN（オプティコ グシケン）」へ。オーナーと近々飲みましょうと約束して、モノレールでパレット久茂地へ。宮城恵輔さんの展示を観にいく。彼のことは『沖縄ひとモノガタリ』（二〇二二）でも取り上げさせてもらったが、バイクの自損事故によって重傷を負い、一命はとりとめたが両手が使えなくなり、口にタッチペンをくわえ、アイパッドで絵を描いている。

彼が現在属している「ドアレスアートオキナワ」は、アートに垣根はないという意味でつけられた障がい者アーティストグループだ。宮城さんには、日記本第二弾の表紙を描いてもらうことになっていて、その打ち合わせをする。「ドアレスアート」の事務局長の呉屋マリヤさんとご挨拶。そこに宮城さんのお母様もあらわれたのでしばしゆんたく。

晩飯は栄町の「アルコリスタ」で喰うことにして、モノレールで安里駅で降りる。「アルコリスタ」では「おとん」でよく会う常連の御夫妻と遭遇。パートナーはそこで帰宅。ちょうど飛行機で移動中の元参議院議員の有田芳生さんから、「おとん」で合流しようと連絡があった。さきの参議院選挙で落選し、いまはフリージャーナリストとして「旧統一教会」についてのコメントで引っ張りだこの有田さん。安倍元首相を銃で殺害した加害者の殺害動機が、母親が統一教会にのめりこみすぎたことが原因で家族が崩壊したとのことから、メディアの矛先は旧統一教会と、統一教会とほぼ一体化してきた自民党等に向いている。有田さんは三〇年以上前から旧統一教会を取材しており、彼に取材が集中しているのだ。有田さんと飲んでいると、知り合いがどんどんやってきて満席に。日付が変わる前に有田さんもぼくも帰路につく。

8月27日　有田芳生さんとトークライブ

昼近くまで寝る。パートナーといっしょに歩いて「あかね食堂」へ。ぼくはカツカレーを食べる。野菜がごろごろ入っている。これにミニ沖縄そばがついて七〇〇円。まーさん。窓から敷地内に植えられている島バナナが見える。通り道の安里の裏道にいまは使われていない家があり、一階の車庫のシャッターがわずかに開けてあり、すぐ内側に猫の餌皿と思われるものが三つ並べられていた。誰かが地域猫を世話しているのだろう。この道はほとんどクルマは通らないし、車庫の中で雨露はふせげる。人の心が見える。

夕刻からジュンク堂書店で、昨夜飲んだばかりの有田芳生さんのトークの聞き手を務める。タイトルは「統一教会と政治」。沖縄知事選の真っ最中だが、現職に対抗して立候補している佐喜眞淳さんに関し旧統一教会とのずぶずぶの関係が連日報じられている中で、このイベントの意味はデカいだろう。そもそも「統一教会」とはなんなのか、どうして取材を始めるにいたったのかというところから話をスタートさせた。

じつは有田さんと知り合ったのは、彼が旧統一教会問題を追及し始めた約三〇年前。当時、水道橋にあった教育史料出版会の代表・橋田常俊さんの紹介だった。橋田さんはぼくをこの業界に引っ張り出してくれた大恩人でもあるのだが、十数年前に亡くなってしまった。沖縄でこうやって有田さんと飲んだり語ったりしているのを、あの世で橋田さんはどう思っているのかなと、昨夜、有田さんとしみじみ話したっけ。

8月28日　体調が悪く、外出の気力がわかない

朝方、パートナーは那覇空港から東京へ。昨日食べた羊肉のクミン炒めの辛さが原因と思われる——美味くて食べすぎてしまった——お尻が火がついたように熱くなり、一〇回ほどトイレに駆け込み、また寝直した。起きたのは一五時すぎ。今日が最終日の「陶 よかりよ」の特別展「すこぶる」に顔を出そうと思っていたが、胃腸の調子が復活せず、外出する気力も出ず、あきらめることにした。会おうと思っていた友人との約束もキャンセル。休み休み仕事をしていたら日付をまたいでいた。西村賢太さんの『人もいない春』（二〇一〇）から短編を選んで読んで寝る。

8月29日　松尾潔さんのSNSに感謝

昼前に起きて、もらった伊江島らっきょうとシーチキン、ほうれん草で焼きそばを自炊。売れッ子音楽プロデューサーの松尾潔さんが二八日に「藤井誠二さん新刊『誰も書かなかった

玉城デニーの青春—もう一つの沖縄戦後史』(光文社)。差別と貧困が少年をロックバンドへ導く。そして政治へ。読後感は『クインシー・ジョーンズ自叙伝』に近い。書名は利根川裕の名著『喜屋武マリーの青春』へのオマージュだろう。そこもぼくには堪りませんでした」とツイートしてくれた。うれしくてたまらない。オーラルヒストリーというスタイルがよかった、とも連ツイしていただき、感謝にたえない。

RBC(琉球放送)が放送した「星条旗と日の丸のはざまで〜沖縄戦後史〜生活の移り変り」を途中から観る。終戦直後の「琉球ニュース」で流された貴重な映像やインタビューが取り上げられている。米軍の占領が始まったばかりの沖縄の風景を食い入るように観る。終戦からまもなく四〇年、というナレーションが入っていたからその頃に放送されたものだ。伊江島で買ってきた『激戦地伊江島—戦没者遺骨収集から慰霊祭　その他の記録』という知念正行さんの自費出版本を読む。

夕刻に歩いてセンベロ寿司「米仙」へ。引きこもりなどの若者を支援する「ｋｕｋｕｌｕ」に集まってきた若者たちの「実話」を漫画にするというプロジェクトが進んでいたことはさんざん書いてきたが、制作費の一部をクラウドファンディングで集めていた。なんと締め切りぎりぎりで目標額を達成することができた。ぼくも子どもたちから聞き取りなどをして原作を担当させてもらった。

そのお祝いで、「ｋｕｋｕｌｕ」の金城隆一さんと今木ともこさん、深谷慎平さん、上原岳文さん、普久原朝充さんで祝杯。まわりのテーブルでは知人たちが各々のグループで飲んでいるので、各テーブルにご挨拶。「米仙」でしたたか酔い、路地裏にある知る人ぞ知る中華料理店「龍珍」へ。閉店寸前のところを入れてもらって冷し中華麵を食べる。上原さんはカウンターで寝てしまったが、そのうちに店を出ていったと思ったら、店の前で仰向けで幸せそうな顔で大の字で寝入っていた。冷えたコンクリートが気持ちよかったらしい。

8月30日　二日酔いで家から出ず

昼まで寝ていた。ちょっと二日酔い。長粒米にほうれん草のカレールーをかけて食す。しばらく休憩したのち、原稿を書き出す。台風が接近中。洗濯をして寝る。

8月31日　カツ丼を空港で食す

朝八時に起きて、東京へ移動する準備。タクシーに乗って、空港へ。多少、風があるなという天候だが、問題なく飛行機は飛ぶようだ。カツ丼弁当を買ってロビーで喰って、搭乗。寝入ってしまい、昼前には羽田空港に着いた。

2022年9月

9月5日　台風の間隙をぬって那覇に着く

夕方に那覇着。数日前に台風を避けるように東京に移動したばかりだが、今回も台風が沖縄近郊を去ったあとに到着した。台風をぬうようにして移動しているかんじ。空港から近くのスーパーに寄って買い物をしてから、拙宅に入る。バルコニーの鉢が二つ倒れているぐらいの被害で済んでいた。さっそくバルコニーと玄関の外側付近の掃き掃除。生暖かい強い風がときおり吹く。空腹を覚えたがどこかに出かける気分にもならないので、スパゲッティーニを茹でてレトルトの具材と和えて食す。野菜を茹でて、マヨネーズと味噌をつけたものも喰う。

画家の町田隼人さんから「沖縄人」という北中城《きたなかぐすく》村で開催される合同展のパンフレットが届いていた。誘われていたのだが、残念ながら会期中に行けないので、パンフレットだけ送ってもらった。出身国、性別、年齢問わずポスト沖縄返還期の作家たちが「沖縄人」を表現する。沖縄のイベント情報誌「箆柄暦《ぴらつか》」も届いていた。拙著『誰も書かなかった玉城デニーの青春』を取り上げていただいた。編集発行人のはぎのかずまささんは同世代で愛知県出身。ぼくのことを高校時代から知っていたらしい。

飛行機の中で映画『MINAMATA―ミナマタ』を観てきた。いうまでもなく水俣の水銀汚染公害を撮ったユージン・スミスの実話をもとにしているのだが、同時にエンタメでもある。こんな事実はなかっただろうと思われる過剰な「演出」が随所に見られ食傷気味。

9月6日　「串豚」でモツ串と酒

レトルトの玄米飯にレトルトのトマトカレーをかけ、買ってきた生野菜をボイルして食べる。昨夜に続いて、バルコニーの掃除。いまは部屋を管理してくれている深谷慎平さんが冷蔵庫の大量の島らっきょうを見つけ、「食べきれないでしょうからもらいますよ〜」と持っていった。

夕刻、沖縄出身の朝日新聞西部本社から来ている島田愛美記者と喫茶店で二時間ぐらい話す。そのあと、泊の「串豚」で、「おとん」の池田哲也さんらと合流。ちょうど、那覇空港に有田芳生さんも到着したのでやってきた。勢いがついた我々は「鶴千」へ歩いて移動。誰からともなく餃子が喰いたいと言い出し「鳳凰餃子」へ。ぼくも含めてみんな人生の後半期の人たちばかりなのに、よく飲んで、喰うなあ。

9月7日 「すみれ茶屋」で晩飯

若干の二日酔い。長粒米を炊いておいたので、レトルトのタイのココナッツカレーをかけて喰う。夕刻までパソコンに向かったり、寝ころんだりして怠惰に過ごす。

夕刻、東京から双葉社の箕浦克史さん一行が来ていて「すみれ茶屋」で合流。店主の玉城丈二さんとも久しぶり。ソーキの煮付けやらエビスダイの煮付け、本マグロの刺身などを供していただく。わいわいやっていると、ジュンク堂書店の森本浩平さんから電話があり、「岡本尚文さんと普久原朝充さんと飲んでいるから合流しない?」とお誘い。浮島通りにある台湾料理「華」へ向かう。

外と遮るものがないオープンテラス状態の屋台風な店。古びた店構えだが安くて美味い。店を任されている女性は、かつて拙宅の近所の「漢謝園」に主にフロア係として勤めていた。顔見知りになってから一〇年以上ということになる。いろいろサービスしてくれる。

9月8日 アタマがぼんやりして休む

朝から全身がひどくダルく、喉は痛くないのだが、アタマがぼんやりする。発熱もない。パソコンに向かうのだが、すぐに横になってしまう。ほんとうは明日から九月一〇日まで玉城デニーさんの選挙カーの追っかけをする予定だったのだが、万が一のことを想定して、中止することにする。デニーさんと、秘書の方に連絡。荒井裕樹さんの『まとまらない言葉を生きる』

（二〇二一）を少しずつ読んでは瞼を閉じる。目を覚ましてはまた読む。

9月9日　コロナ検査は陰性だった

朝起きると、昨日よりはいささかアタマがカルくなった感じ。島豆腐と野菜を食べて、パソコンに向かう。締め切りが近い原稿にとりかかる。いちおう抗原検査キットを使って、コロナかどうか確かめる。結果は陰性。ネトフリで韓国ドラマ『ナルコの神』を、横になって観続ける。じつにおもしろい。しかしこれ、フィクションとはいえ、舞台となっている実在の国は不快だろうな。身体はややダルい。

9月10日　玉城デニーさんとオコエ瑠偉さんについて話をした

だいぶ、ダルさがとれた。シャワーを浴びて、昼飯を喰いに近所の「あかね食堂」に散歩がてら行く。茄子の味噌炒め定食を食べる。安定の美味さ。

デニーさんのインタビューを続けているとき、オコエ瑠偉選手（東北楽天ゴールデンイーグルス、現・読売ジャイアンツ）が、子どもの頃の被差別体験をSNSに投稿話題になったことがある。オコエさんのSNSのコピーをぼくとデニーさんは向き合って読んだ。

オコエさんは父がナイジェリア人・母親が日本人で、高校野球時代からスター選手として活躍、甲子園にも出場した。U－18ワールドカップ日本代表にも選ばれ、二〇一五年にプロ入りを果たしている。ツイッターにはこう綴られていた。

（前略）これが差別だとかどうとかそんなのは本当にどうでもいい話。この話は俺自身の体験であって、これをみてる大半の人たちには当てはまらないから　こういう人もいるんだなあ〜くらいで大丈夫です。

俺が5歳ぐらいときかな。まず、保育園で思い知らされた。醜いアヒルの子の絵本を先生が読んでいた。周りのみんなは先生が読んでいる間、俺をじろじろ見ながら笑ってくる。俺はもちろんのようにうつむき耳を塞いでいた。

物凄く孤独だった。先生は悪気ないし、しょーがないよね。俺が周りとは違うは初めて認識させられた出来事だった。

これも保育園の話。ある日、親の似顔絵を描くときがあった。先生は言った。親の顔は肌色で塗りましょう。その時、保育園にあった、肌色のクレヨンのいろはだいだい色だった。でも俺はその時の反抗心からか　涙ながら、茶色のクレヨンをとり親の顔を書いた。出来上がった後はもちろん皆に笑われた。（中略）

小学校になると近所のおじさんに勧められてなんとなく野球を始めた。でもやっぱり入ってすぐ心配したことが起こった。初めてできた先輩たちは、俺の肌の色をあざ笑いながら、お前の家では虫とか食うんだろとか、ここには出せないほどの汚い言葉の数々を罵られ、殴られる。

少年野球では、試合前の整列で相手チームから外人いるぞ、黒人だ、だの俺の心をさらに壊されていった。（中略）

本当に心が無くなる瞬間。これがもう自分が無敵になったような気がする。でも、今考えてみると、ただ単に心をシャッタダウンして、他人に対して何の感情も沸かなくなるだけ

だった。心が無くなるのは本当に怖い。（原文ママ、二〇二〇年六月一五日付のオコエ瑠偉選手のTwitterより）

ぼくは早口で一部を読み上げた。正直、かすかに涙声になっていたと思う。デニーさんは黙したままオコエ選手の言葉に目を走らせていたが、目にうっすら涙をためているように見えた。

「子どもや親はそういう差別から〝逃げる〟ケースもたくさんあります。ふつうの学校からアメリカンスクールやミッション系の学校に転校したり、最初から選んだりするんです」とだけデニーさんは言った。そして、こうも言っていた。

「ぼくが中二の反抗期の頃から、やっぱり、嫌なものは嫌だと、言わなきゃだめだと自分の中で決めて、母親であれ、学校の先生であれ、なんか高いところからもの言う人には反抗するようになったわけです。反抗期ですから、同時に自分のことをさらに考えるようになっていって、理解しようとしないやつにはがんがんあたっていって、わかるやつはわかるんですが、しつこく〝アメリカー〟とか〝アイノコ〟って言ってくるやつとかとは、〝（喧嘩）やるかぁ？〟って殴り合ったり、つかみ合ったりしたこともありましたね。そういうふうな態度をぼくがとって、〝どういう意味で、そう言ってるの？〟って相手に問うわけです。相手は答えられるはずないから」

そう言って、デニーさんは真顔でファイティングポーズをとったのだった。

「極限まで差別されていくと怒るしかないというのは、人類の生き方を獲得していくための闘争だと思うので、怒り方の手段が大事で、こちらがしっかり怒っていることが伝わればいい。

ハンパに暴動みたいになってしまうと社会悪みたいなふうになってしまうし、怒っていることを伝えるのは難しいですよね。小さい頃はぼくが〝（喧嘩）やるか？〟と言えばぼくが怒っていることが相手に伝わりますけども、相手はこちらがなんで怒っているかわからないのがやっかいなんです。

ぼくもいまだにそういう面はあるけど、ふだん仲良くしている相手でも、怒るときは怒ったほうがいいと思います。カチンときたら、〝あのね、いま何て言ったかわかるの？〟って。そこは言ってもいいと思う。言わないと、相手が気がつかないかもしれないし、気がついてもふざけているのかもしれない。

ふざけている段階ならいいんですけど、あえて、差別的にいじって意図的にウケようとそれを言っているのかもしれない。ぼくは、正直、いじりもいじめだと思っています」

「ぼくは子どもの頃は、（レイシャルなことで）いじられても、笑ってその場を逃げていたというかんじだったんです。ぼくは見た目がやはり目立つし、小学校の頃とか、からかわれるとヘラヘラ笑っているので、生意気だなと二つ三つ上の不良がいじめてきたり、暴力をかけてきた。顔面殴られたり、蹴りを入れられたりして。手を出す子どもは極端なんですけど、言葉の暴力はふつうにあって、〝あいのこ、アメリカー、ヒージャーミー（山羊のくっきりした目立つ瞳＝西洋人のこと）〟そういうのは日常茶飯事だったから笑うしかないんです。学年では男子が私ひとり、女子がひとり。上にも下にも一〜二名いたかな」

当時は、基地内につくられた軍人や軍属の子どもが通える学校や、沖縄県民も通える教会系のアメリカンスクールがあり、いまでもある。

「そうですね。学年の中でもお父さんが外国人で健在の場合は基地の中のアメリカンスクールに通っていたケースも多かったですね。そういう子どもたちとは接点がなかった。ぼくが住んでいた与那城村に住んでいてホワイトビーチと米海軍の港湾施設が近くにあって、ぼくが住んでいた家の近くには米兵向けのバーがならんでいて、先輩にもハーフの人がいましたし、軍人や軍属の子どももいました。大人の女性が米兵と近しくなるのは、米兵が飲みにくるバーでだけじゃなく、米軍基地や施設や米兵の住宅で働いている女性もいました。

うちの母はどうやって父と知り合ったかは聞いてないですけど、基地の中ではなかったようです。母は成人してから名護にある英語学校に通って英会話を習得していたようです。なんせ、ぼくが生まれる前のことなので……。おふくろからもらったんですけど、縦一四～一五センチ、厚さ二センチぐらいの英語の辞書があります。英語にカタカナが書いてあって、アクセントのつよいところだけ、太い文字で書いてあった。**exclamation**（感嘆符）とかね。その辞書が好きで、ぼくもよく見ていました」

ぼくはデニーさんとそんな話をしていると、デニーさんが衆議院議員時代に、いま東京都知事の小池百合子さん（当時、衆議院議員）にひどい差別的な言葉を投げつけられたことに話題が飛んだ。

「あれ、まだ一〇年ぐらい前の話ですよ。秘密保護法の議論のときだったと思うけど、こんな法律通しちゃだめだということで、事務所に日本全国からいっぱいファックスがきて、予算委員会で、それを持って〝この人たちの声が聞こえてないんだったらこの国はおかしいですよ〟ということをぼくは言ったんですね。〝総理がストレートに答えようとしないからおかしいですよ〟とも発言したんです

そしたら後ろから、〝どこにそんなこと書いてあるんですか〟〝日本語わかるんですか、日本

語読めるんですか〟という女性の声がしたので、質問が終わって振り返ったら、小池さんだった。あとで画面をチェックしたら、ぼくにだけ聞こえるように言ってたんですね、真後ろから。そのときはカチンときましたよ」

ぼくは、なぜだかわからぬが、デニーさんと会った日の夜、ふいに自分の小学低学年時代に思いが飛んだ。「父親の職業を書いてみよう」という授業のとき、教員の無神経さに対する怒りで身体の震えが止まらなくなり、配られた原稿用紙に「ぼくには父親がいない」とだけ書きつけて教室を飛び出したことを思い出した。その授業の数カ月前に父親は若くして病没していて、クラスに片親なのはぼく一人だけだった。父親が死んだつらさより、「教育」というものはなんと無神経なものなのかという担任教員への怒りが上回った。その怒りは子どもだった自分の身体に刻みつけられた。いまだったら完全にアウトな「教育」だろう。

9月11日　ケイン・樹里安さんの遺した言葉。玉城智恵子さんの言葉

だいぶ体調は戻ってきた。体温も正常。長粒米にレトルトのバターチキンカレーをかけて食べる。今日は知事選投開票日。各自治体の首長選挙や県議会議員の補選の投開票日でもある。それまで仕事をしたり、まだまだ本調子ではない身体を横たえたりする。テレビで結果を観るまでそわそわして落ち着かない。

病で早世した気鋭の社会学者のケイン・樹里安さん（一九八九年生まれ）がマジョリティのことを「差別や社会問題について、知らず、気づかず、自らは傷つけられずに済む特権を持った〝気にせずに済む人々〟」と喝破していたが、正鵠を得ていると感じ、デニーさんの取材中、常にアタマの片隅にケインさんの言葉を置いていた。ケインさんの「『人種差別にピンと来な

い』日本人には大きな特権があるという現実」という論考から少し引いておきたい。

たとえば、マスメディア上で「ハーフ」タレントが涙ながらに差別経験を語ったとしても、それをほかの出演者が「こだわりすぎ・過剰反応・よくあること・自然なこと」として矮小化し、社会への異議申し立てを抑圧するさまは、しばしばよくみられる。（中略）

日本社会にレイシズムは存在しないのではない。そう呼ばれていないだけなのだ。いや、そう呼ばないようにしている人々と、そう呼ばせないプレッシャーがそこにあるのだ。（中略）

組織的人種差別であれ、日常の人種主義であれ、レイシズムは、その対象となる人々の現在と未来の命と生活への潜在的・顕在的プレッシャーとして押し寄せるものなのだ。そして、そのプレッシャーは組織の論理——仕事だからしょうがない——やマジョリティの何気にない言動——そんなつもりなかったんだからしょうがない、気づかなかったんだ——によって、正当化されてしまう。（中略）

こうした状況において、わたしたちが考えねばならないことは、マイノリティの日常／非日常における不平等・不公正、嘲笑と暴力について「知る」ことであり、同時に、マジョリティに構造的に付与されている「特権」である。では、特権とは何か。（中略）

マイノリティがその苦境を語りだしたとき、あるいはそれに関するニュースを知ったときにマジョリティから発せられる「気づかなかった」「知らなかった」「それは差別ではなく区別だ」「仕方のないことだ」「自然なことだ」「気にしすぎだ」「こだわりすぎだ」という言葉の数々に見出されるものこそ、マジョリティの特権である。

気づかず・知らず・みずからは傷つかずにすませられる人々、いわば、「気づかずにすむ人々」「知らずにすむ人」「傷つかずにすむ人」こそが、特権を付与されたマジョリティである。ソーシャルなアスリートであれ、歌手であれ、彼らの行為に社会変革の兆候を読み取るばかりで、自らの言動を省みることも、変更することもなく、マイノリティの苦境は忘却できる日常と非日常を「何気なく」過ごせることもまた、特権なのである。

（「現代ビジネス」二〇二〇年六月二六日）

デニーさんの妻の智恵子さんに取材したときのことも思い出した。沖縄市長選騒動のときに智恵子さんはどう思っていたのか、ぼくが質問をした。

「あまりおおごとだと思っていなかったし、ぜんぜん出ると思ってなかったんです。私自身もいろんな選挙を応援してきた経験があったもんですから、選挙に出るまでにはいろいろな経験をしてから出るのが当り前という考えがあったので、いきなり違う畑からポっと出るとかありえないと思っていたし、夫が政治の勉強していることは知らなかったので……私たち夫婦は政治の話はするんですよ。でも市長選立候補のことはぜんぜん知らなかったんです。私も政治には興味を持っていて、基地の包囲行動にはずっと参加してきたんですが、夫が政治家になるとはぜんぜん考えもしなかった。『出馬へ』という新聞記事を読んで、嘘だと思った。新聞が嘘を書いていると思って、こんな嘘ばかり書いているよという気持ちだったんですが、その日のラジオがすぐ（登板が）終わってしまった。夫には、巻き込まれたという被害者意識があって、明日から生活どうするんだと思ったんです」

市長選の出馬は事実でなかったが、「立候補へ」と報道されたせいで、レギュラーだったラジオの仕事を失った。失意の中でデニーさんは沖縄市議選挙に打って出て、トップ当選するわけだが、智恵子さんはずっと保育士の仕事を生きがいにしていたから、定年まで勤め上げた。沖縄市の職員なので、在職中は桑江朝幸市政から新川秀清市政に変わった。新川さんも市役所職員時代は福祉畑を歩いてきた人なので、智恵子さんの存在はとうぜん知っていた。その新川秀清さんが市長を辞めたあと、デニーさんに白羽の矢を立てたことは『誰も書かなかった玉城デニーの青春』に書いたが、人の巡り合わせとは奇妙なものである。

智恵子さんはデニーさんが国会議員になってからも保育士を続けながら、夫婦で協力して子どもを育てた。「議員の妻」としてふるまわなければならないという発想はまるでなかった。そのマイペースさがデニーさんにとっては、心身を安定させることにつながったのだろう。

「夫が悪いことをしなければついていくからということを結婚のときに約束していたから——泥棒や人殺しね——そういうことしないかぎりはついていくと。市議選は未知だし、たいへんだろうけど、この人の人生だから止めることもできないだろうなと思ったんです。一度きりの人生だから自分がやりたいことをやったほうがいいよね。もし私が止めてあきらめていたとしたら、いつか何かのときに、あのときに止めていなかったら自分はこうなっていたかもしれない、議員になっていればこうなっていたかもね、と後悔するのも嫌だろうし、ならないと自分で決めていれば後悔しないのだろうけど、人に言われて進む人生じゃないほうがいいなと思ったわけ」

二〇〇二年九月の沖縄市議会議員選挙に立候補し、史上最多得票で当選を果たした。その二年後には下地幹郎さんらが旗揚げした政策集団「そうぞう」に参加したが、政党化すると参加はしなかった。

「私はもともと自然体に生きているので、人からのプレッシャーも感じない。ハハハ。夫のお母さんは〝あんた（デニー）、まだそんなこと言ってるの。収入どうするのー、収入なくなるよ〟って反対してたけど、〝私も応援するし、いいじゃないお母さん、本人がさ、やりたいって言っているから、あまり後悔させないほうがいいと思うよ〟と説得したら、〝まあ、あんたがそう言うならいいけどさ、考えたほうがいいさ〟みたいな感じだったんです。お母さんとしてはすごく苦労してきたから、ちゃんとした収入が入ってくる仕事で、がんばってほしいという気持ちだったんですね」

そう智恵子さんは夫と義母（玉城ヨシ）の気持ちを思いやった。

「政治家としてというより、人のために何か役に立ってほしいというのが私たち家族の思いなんです。選挙で選んでくれた人たちを裏切らないでほしいという気持ちもありましたし、あなたは間違ったことしてないからずっと応援する、という気持ちは変わってないですからね。私利私欲の政治だったら応援しません。いまだったら辺野古の新基地問題です。もし賛成に回ったら家族は誰も、あなたについていかないよ、と。そのために私も家族もサポートは惜しまないです。長女は夫が国会議員のとき、事務所の職員だったんです。もう一〇年ぐらいはいっしょに仕事してます」

智恵子さんから見て、デニーさんは一言で言うとどんな性格なんですか――こんな、いささか間の抜けた質問をしたことがある。

「付き合い出した最初の頃は保育士会の発表があったら相談したりとか、レポートを持っていって、アドバイスをもらったりとかしてましたよ。福祉のことでけっこう議論してましたよ。

そういう議論をしていくと、この人は、表裏ないんだなってわかった。人間はみんな裏表ある人が多いと思うけど、夫はぜんぜん変わらない。そのあたりは、ほんとすごいなあと思う。裏表のない、あかるい人なんですよ」

智恵子さんの話を横で聞いていたデニーさんは、こんなことを言っていた。

「政治家の家庭とそうでない家庭というのは、家風からして違うのかなと思います。たとえば翁長雄志さんは兄も父も、息子も系列的に政治家ですよね。だから政治家の家族とはそういうものがあると思いますが、叔父が伊江島で村議をやっていましたが、政治の話をしたことない。ぼくにあるのは看板だけ。地盤はない。政治を選んだから、市議会から基礎からやりたいなということを決めて、彼女に話をしたんです。もし、私は認めません、別れますと言われたら、どうぞそういうふうにしてください、と。あなたはあなたの人生、ぼくはぼくの人生ということにしてもいいから、と言うことに決めてました。これ以上、まわりに振りまわされたくない、自分で決めたいと。自分で決めてやったら失敗も成功も自分にふりかかってくるから、それでぼくの気が済むと彼女に言ったんです」

投票締め切りの二〇時になった。デニー候補当選のゼロ打ちを期待していたが、やはりNHKはゼロ打ちで当選確実を報じた。玉城デニーさん、二期目が始まった。

9月12日　玉城デニーさん当選

起きてシャワーを浴びて新聞二紙を買いに出る。「どん亭」で牛丼とゆし豆腐セットで早めの昼飯。牛丼を少し残してしまったが、体調は昨日より良くなっている。ホテルロイヤルオリオン（現・オリオンホテル那覇）のカフェ（当時）で自由に飲める水をいただきながら新聞や

スマホで選挙関連の記事を眺める。
畠山理仁さんが二〇二二年九月一〇日付の「選挙ドットコム」で、「【沖縄県知事選202
2】有権者の想いを候補者はどう受け止め、応えていくのか　未来を決めるのはあなただ」という記事を書いていた。「今回、沖縄の選挙を取材していて『これはすばらしい』と思ったのは、誰一人『質問から逃げる候補』がいなかったことだ。すべての候補者が出会った人々の質問や疑問に答えようとしていた。有権者にとって大切なのは、声の届かないところで批判することではない。厳しい声も、面と向かってしっかりと候補者に届けることだ。その上で一つ言えることがあるとすれば、聞く耳を持たない候補者には投票しないことである」と書いていた。同意。

9月13日　有田芳生さんの過去作を読む

今日も家に居ることにする。ゲラのアカ入れをしたり、やりかけの仕事をするためにパソコンに向かうが、なかなか集中できない。近々、有田芳生さんにインタビューをすることになっているので、本棚に詰め込んである、有田さんの過去の著作を探してページをめくる。本は捨てられない性分なので、この仕事場をつくるとき、東京から沖縄へかなりの冊数を送った。有田さんの『原理運動と若者たち』（一九九〇）、『闘争記』（二〇一〇）も送った。腹がへると冷蔵庫にあった沖縄そばを茹でて、レトルトの具材をかけて食べる。ベッドに横になって目を閉じている時間のほうが長い。夏風邪、長引くなあ。明朝のフライトは早いので睡眠導入剤を飲んで夜一〇時すぎに寝てしまう。

9月14日　ゴーヤー炒め弁当を食べて東京へ

モノレールで朝七時すぎに那覇空港へ。一階の売店でちいさめのゴーヤー炒め弁当をもとめて、ロビーの椅子で食べる。離陸と同時に寝落ち。羽田空港でカツカレーと野菜サラダを食べる。うん、かなり復調してきたみたいだ。明日は病院で脳のＭＲＩ検査と血液検査が待っている。小脳出血（脳卒中）から三年と三カ月が経過したことになる。

第二章　冷笑と嘲笑

2022年10月

10月9日　沖縄からタクシーが減っている

羽田空港の待ち時間と機内でNetflixでアクションものでも観ようと思い、適当に選んで観始めたがつまらない。空港に来る途中でもとめた毎日新聞記者の川名壮志さんの新刊『記者がひもとく「少年」事件史―少年がナイフを握るたび大人たちは理由を探す』（二〇二二）を開いた。戦後復興期から現在に至る「少年犯罪」の社会での扱われ方の変化をおさらいしたようなつくり。参考文献には拙著『人を殺してみたかった―愛知県豊川市主婦殺人事件』（文庫版は二〇〇三）も記されていた。

川名記者は、二〇〇四年に長崎市内の小学校で起きた女児による同級生殺害事件の被害者遺族（毎日新聞支局長）の後輩記者で、のちに同事件を扱った『謝るなら、いつでもおいで―佐世保小六女児同級生殺害事件』（文庫版は二〇一八）という本を書いている。彼は家族同然のように付き合っていた被害者の兄弟を丁寧にケアし、そのおかげで兄弟は人前でも心のうちをしゃべることができるようになった。ぼくはその兄弟の講演を聞いたことがある。このことは川名さんが『僕とぼく――佐世保事件で妹を奪われた兄と弟』(文庫版は二〇二一)という著作にまとめている。

ぼくは遺族とも川名さんとも面識があるけれども、一連の川名さんの仕事は、被害者や遺族のすぐ脇にいたという特異なスタンスが筆致を特徴づけていると感じる。読み終わって『文藝春秋』の二〇二二年九月号と一〇月号をひろい読みする。一〇月号の「権力と宗教」と題した特集の中の宮崎哲弥さんと島田裕巳さん、仲正昌樹さん、小川寛大さんの座談会。九月号の森健さん+特別取材チームの手による「テロルの総決算 安倍元首相暗殺と統一教会 深層レポート」がたいへん勉強になった。後者は沢木耕太郎さんの傑作『テロルの決算』を意識した構成だろう。

那覇空港でタクシーに乗ると同い年のドライバーだった。個人タクシーだったからタクシードライバー歴は長いのだろう。聞けば、タクシードライバーのなり手が減ってきていて、どの会社にも遊んでいるクルマ、つまり「空車」がずらりと並んでいるという。沖縄では八〇代の高齢ドライバーも珍しくはなく、タクシードライバーは年寄りのやるものだという認識が広まっているらしい。「食いっぱぐれのないいい仕事だと思うんですけどねえ」とドライバーは言っていたが、沖縄で稼働しているタクシーは確実に減少傾向にあるという。そういえば、夜に酔眼で歩いていると、タクシーから寄ってきて「乗っていかないか?」というアイコンタクトを送ってくる人もほとんど見かけなくなったなあ。

そのタクシーで一路、栄町「おとん」へ。日曜日だが開けるというのをSNSで見たからだ。普久原朝充さんも誘っておいたから先に来ていた。何人かの知り合いと遭遇。焼酎を何杯か飲んでわいわいと話す。帰り道にシャッターがおりたままの「おでん東大」を見た。今年の夏にオーナーが急逝、店は七〇年の歴史を閉じた。焼きテビチはいうにおよばず、ミミガーとマメ（豚の腎臓）のサシミ（ボイルしたもの）を醤油でいただく一皿、地野菜がたっぷり入ったおでん、すべてが美味かった。栄町場外の道がいっそう暗く感じる。

10月10日　「沖縄」を冷笑する人をもてはやす国

昼前に起きて、野菜たっぷりナポリタンを自炊。恒例のバルコニーの落ち葉掃除。雑務を片づけ、詩人・高内壮介の『花地獄』（一九九七）におさめられた詩をいくつかゆっくりと読む。夕刻にジュンク堂書店に散歩がてら寄り、安里長従さんと志賀信夫さんの共著『なぜ基地と貧困は沖縄に集中するのか？　本土優先、沖縄劣後の構造』（二〇二二）を購入。その場でぱらぱらと拾い読みしたが、かなり「過激」な本である。沖縄出身や内地出身の友人や知人――沖縄に対して好意的である研究者や物書きたちですら――もばっさばっさ斬られている。ぼくのような小物は俎上に上げられていないが、文脈からすると当然、批判の対象になるのだろう。

店を出ようとしたら宜野湾市で「CAFE UNIZON《カフェユニゾン》」を経営されている三枝克之さんから「たまにいらしてますよね」と声をかけられた。ジュンク堂書店で三枝さんとトークイベントをされる台湾料理家のペギー・キュウさんもいっしょにいらしてご挨拶。そのあと牧志のセンベロ寿司屋「米仙」で知花園子さんと合流。

「米仙」に向かう途中で、いまや牧志公設市場通りの古本屋として「顔」になり、全国区の知名度になった「市場の古本屋ウララ」でノンフィクションライターの橋本倫史さんと遭遇。店のオーナーの宇田智子さんともご挨拶。拙著を二冊も面陳してくださっており御礼を述べる。

宇田さんはもとジュンク堂書店の店員で、『那覇の市場で古本屋―ひょっこり始めた〈ウララ〉の日々』(二〇一三)、『本屋になりたい―この島の本を売る』(増補版、二〇二二)などの著書もある。このスペースはもともと半分ほどの狭さで、始めたのはある男性(名前を失念した)だった。ぼくが沖縄に通い始めた頃、なぜかぼくの顔を知っていてくれて声をかけてきた。それが「日本一狭い古本屋」として有名になった。沖縄本を主に扱っていた。その彼があるとき沖縄を離れることになり、宇田さんが権利を買い取って、店舗も広げた。

ひろゆきさん(タレントなのか実業家なのかわからん)が辺野古の埋め立てに抗議するために反対派の市民がつくったテント村にABEMA Primeのクルーを引き連れていき、座り込み日数を「座り込み3011日」と書いてアピールしてある立て看板の横に立って、たまたま人がいなかったため、「ゼロにしたほうがよくないですか〜?」とからかった。「(座り込みの意味を)辞書をひいてみてください」などと嘲笑してカメラをまわし、駆けつけた反対派活動家などを挑発してあっと言う間に引き上げていった。

「座り込み」は台風などの日はないし、時間帯によっては無人のこともある。老人が多いので暑さで来られない人もいるだろう。そんな言葉の意味合いにまともに対応するほうがバカらしくなるが、ひろゆきさんはとにかく嘲り笑って去っていった。それがSNSに出るや大炎上したが、ひろゆきさんに賛意を示すものもすさまじく多かった。

「座り込み」の定義などはこの際どうでもよく、なぜ、前線で闘っているごく少数の人のところへわざわざ冷笑や嘲笑をしにいくのか。それを放送を前提にしてやるというのだから、敵意があるのかわからないが、バカにしにいって、差別感情をぶつけてネタにしてやろうという確信犯であることはまちがいない。彼も番組も、どうしてそういう発想ができるのだろう。放送では立て看板の字のことを「汚い字」とひろゆきさんは言い放ったそうだ。あの字は母親を米軍に殺された男性が書いたものだ。そんなことをひろゆきさんに言っても、立て板に水でかみ合わないことはわかりきっているが、ぼくは「差別」を笑いものにしているやつはゆるせないし、それをにやにやと見て冷笑している内地、沖縄に関係なく存在している貧しき精神の人々を認めない。

冷笑系というのか嘲笑系というのかわからないが、そういった類の人々の群がこの国の実相にある。ひろゆきさんが「デモをやったって意味がない」と言うのをたまたま何回か聞いたことがある。多数決で多数をとったほうの意見に従うのはしょうがないという厭世観に似たものかと思っていたが——そもそも民主主義のとらえ方のまちがいもはなはだしいが——いや、彼がむしろ社会の実相の悪質な核心部分を代弁しているような気がしてならない。

10月11日 『沖縄久高島のイザイホー』を観る

昼まで寝て何も食べずに、桜坂劇場へ歩いていき『沖縄久高島のイザイホー』(岡田一男監督、一九七八)を観る。上映されたのは二〇二二年にデジタル・リメイクされたものだ。ずっと観たくても観る機会を逃してきた。早めに行って劇場内の「さんご座キッチン」で飯を食べようと思っていたら、上映時間を間違えていて、ぎりぎりセーフ。観終わったあと「さんご座キッチン」のテラスでホットサンドとアイスコーヒーを腹に入れる。

次の約束まで時間があったのでもう一本映画を観ようと思い、『銀鏡 SHIROMI』(赤阪友昭監督、二〇二二)を観る。宮崎県の山深い集落で引き継がれている神楽を記録した作品だ。たまたまフォークロアの作品を連続して観たわけだが、いま、ぼくはヤフーの個人ニュース枠でドキュメンタリー映像作家にインタビューする作業をしている。初回の今井友樹さんはじめ、民俗学的なものを対象にしている人が多い。そのせいで、ドキュメンタリー映画監督で民族文化映像研究所の名誉所長・姫田忠義さんの一連の著作を読む様になった。

そのあと付近を散歩して、骨董屋でブリキのクルマのおもちゃを二つ買い込み、今夜もセンベロ寿司「米仙」へ。写真家の岡本尚文さん、建築家の普久原朝充さんと合流。ジュンク堂書店の森本浩平さんも合流してきた。

10月12日　ジョニー宜野湾さんに聞いた話

一一時すぎに県庁へ。朝日新聞出版の編集者・松尾信吾さんと合流。激務の合間をぬって時間をつくっていただいた玉城デニー知事に、あらためて刊行後のご挨拶。議会中なので昼休みに一五分だけ。帰ろうとしたら、デニーさんもいっしょにエレベーターに乗ってきた。なんでも県庁内のコンビニで昼飯を買うという。ちょっと驚いた。

デニーさんの著書『新時代沖縄の挑戦—復帰50年　誰一人取り残さない未来へ』(二〇二二)の担当は那覇市出身の松尾さんなのだ。拙著『誰も書かなかった玉城デニーの青春』より一カ月ほど早く発売された。つもる話もあるので昼酒。桜坂劇場の「さんご座キッチン」で、「浮島ブルーイング」のクラフトビール(瓶)を鯖の缶詰を肴にして飲む。そのあとは浮島通りまで歩いて「コション」でセンベロならぬカツベロ。少量のとんかつと野菜揚げを喰いながら泡盛「まるた」を飲む。えんえんと話は尽きない。ここで島豆腐を頼むと、チーズのような味わいのいい具合に寝かせたものが出てくる。これが美味い。

そのあとにジュンク堂書店に寄り、森本浩平店長とこっちはビール、森本さんはコーヒー。

今日はもう六時間以上も飲む続けている。じつに久々。帰宅後、急に空腹を覚えたので焼きそばを自炊して喰ったら、そのまま寝落ち。夜中に目が覚めて、歯を磨いて寝直す。

デニーさんの取材中には数十人のデニーさんをむかしから知る方にずいぶんお会いした。あるとき、コロナ禍の最中にリモートでジョニー宜野湾さんに話を聞いたことがある。今でこそテレビCMや沖縄のバラエティ番組でコミカルな彼の姿を見ない日はないほどなのだが、彼が沖縄屈指のギタリストであることは若い世代には少し遠い話かもしれない。

一九八二年に那覇出身のバンドとしてメジャーデビューして大きな期待を寄せられた「ハートビーツ」に参加したが、数年もたなかった。その後、苦労しながらもロック界に復帰を果たし「ジョニー宜野湾」と名を変え、「ハンスヤコブス」を率いるなどしてきた。なんとはなしに、玉城デニーさんの話にうつっていった。

「ぼくは三〇歳代後半になってからデニーとちょっとだけバンドで組んでいたんです。きっかけはぼくの『ハンスヤコブス』というバンドがあったんですけど、あるイベントにそのバンドのボーカルが出れないということがあって、共通の友人から、デニーを紹介されたんです。その頃にはもうデニーは少しずつラジオに出たりしていて人気者でした。いっしょにやってみたらすごくいい感じだったんです。

ぼくが東京で『ハートビーツ』をやっていた頃、デニーはジョージ紫さんたちと『オキナワ』というバンドをしていたんじゃないかな。一九八〇年代のデニーのイメージはそういうかんじです。彼はボーカルとしてすばらしかった。沖縄のロックのかんじがしますし、当時の中では知性を感じる存在だった。

『ハンスヤコブス』でCDを出そうという話があったときに、〝ジョニー、CDを出すときには、『バンヘイレン』のファーストアルバムみたいに強烈なやつを出そうよと〃と言ってくれたことは覚えてます。その頃は彼はラジオで人気者でしたよ。当時もいまも彼はぜんぜん変わりません。ぜんぜんブレることなく、自分の道を歩いています。やさしいね。誰にでもやさしい」

ぼくは、「君は日の丸を振らなくていいよ」とデニーさんが小学生のときに言われたことは知ってましたか、と問うた。

「デニーから聞いたことありますよ。自分（デニー）は沖縄の人だと思っているし、心の中もウチナーンチュだと思っているのに学校の先生からそんなことを言われたのはショックだったでしょうね。心なき言葉だったと言うよ。君はアメリカ人だから、と思ったのかもしれない。アメリカーとヤマトに対する感情は彼らしかわからないことがあると思う。

沖縄にはハーフの人、たくさんいるんですよ。彼らがキビしい生活を強いられたり、差別を受けたりしたことは、ぼくらはよく知っていますよ。いじめられた末にアウトローになってしまった人もいます。うちの隣に親戚のおじいさん、おばあさんの家があったんですけど、そこにぼくより二つ年上のハーフの子がいて――いつも遊んでいる仲だったんですが――学校とかで、アメリカーと言われたりしていじめられていたのを見たことがあります。沖縄で一九五〇年ぐらいから七〇年代にかけては、アメリカーというのは差別的な意味合いがあったと思います」

♪見つめてるちいさな目に／宿すのはひかり／きっときっと青空が未来に見えるんだね／握りしめたちいさな手のあたたかいぬくもり／そっとそっと抱えた大きな大きな夢／この先も

これからもずっとずっといっしょだから／ゆっくり歩こうよ／長い長い道を／春の香り／夏のひざし／やわらかな／すやすやとたてている寝息さえうれしくて／腕のなかにくるんであげる／まごころをこめて／この先これからもずっとずっといっしょだから／ゆっくりと歩こうよ／長い長い道を／この先もこれからも／ずっとずっといっしょだから／ゆっくりと歩こうよ／長い長い道を

この歌詞は、「デニーが作詩なんです」とジョニーさんが教えてくれた。「まぁるい瞳の子守歌」という曲である。じつはこの歌詞にはジョニーさんが曲の収まりの関係でカットした部分があるという。それは「産まれてくれてありがとう」という歌詞で、いつかもう一度その歌詞を入れて作曲したいとジョニーさんはなつかしそうな目をしていた。

10月13日　有田芳生さんに統一教会を追及する原点についてインタビューした

昼まで寝て、また沖縄そばの平打ち麺を使って焼きそばを自炊。スマホを開くと「ひろゆき問題」が炎上していてまたいらいらする。おまけにYouTubeのひろゆきチャンネルの生配信では、「沖縄の人の言葉づかいはヘンだ。きれいな日本語じゃない」とか「もともと普天間は原っぱで人が住んでいなかった」という旨の発言をしていたことをSNSを通して知ったからだ。あきらかな沖縄へイトであると同時に、いつだったか百田尚樹さんが普天間の問題については同じことを発言し、まちがいだったことが証明されたばかりだ。

レジー著『ファスト教養―10分で答えが欲しい人たち』（二〇二二）という本を思い出した。じっくり調べて検証するとか、現場に行くとか、人と話すとか、その程度のことさえできない、したくない人たち。最初に見た情報を信じ込む。誰が「論破王」と名付けたか知らないが、つくづく貧困な精神の持ち主だ。彼を持ち上げるメディアの感覚もどうかしている。ジャーナリスト（元参議院議員）の有田芳生さんは彼との「旧統一教会批判」の対談本（ひろゆきさんは質問ばかりしていたらしいが）を白紙に戻して正解。

ぼくはヤフーのニュース特集で有田さんの「取材の原点」について掘り下げる記事のインタビュアーを務めた（配信は一〇月八日）。採録しておく。

ジャーナリストで前参院議員の有田芳生は、京都の四条河原町で小柄な女性に「アンケートに協力してください」と声をかけられたことが忘れられない。「おとなしそうな彼女の姿と、当時言われていた統一教会（現在の名称は世界平和統一家庭連合）とがどうしても結びつかなかった」。有田は一九八〇年代に旧統一教会の取材を始めたが、今も基本的な構造は変わっていないという。なぜ四〇年も追い続けるのか。話を聞いた。

有田芳生は今、各地を飛び回っている。取材の日も、その足で熊本へ向かうことになっていた。両親が旧統一教会の合同結婚式で結婚した、いわゆる「祝福二世」の女性に会いに行くのだという。同地で講演した際に「実は……」と声をかけられた。

「じっくり話を聞こうと思って。祝福二世と信仰二世は異なるんだけれども、いずれにしても、二世と呼ばれる子どもたちの悩みはものすごく深いんです。彼らのための仕組みをつくることがぼくの仕事かなと思っていて、地方自治体のレベルで相談窓口をつくってくれないかと各地でお願いしています」

安倍晋三元総理大臣が、母親が多額の献金をさせられて旧統一教会に恨みを募らせた男性に銃撃される事件が起きてから、メディアで発言する機会が激増した。事件の背景にある問題をジャーナリストとして発信する。

——七月の事件から二カ月以上経ちましたが、今の状況については率直にどんな気持ちですか。

まさかこんなことになるとは、ですね。

——旧統一教会はまだこんなことをやっていたのか、という驚きですか？

いや、やっていたのはわかっていた。国会議員の公設秘書、私設秘書に旧統一教会の信者が入っているというのも、ぼくは以前から週刊文春に書いていたし。だけど、自民党が自らアンケートをとって「一八〇人が少なくともなんらかの関係がありました」と公表せざるをえない事態になるなんていうのは、思ってもみませんでした。

一九九二年にも「どんな政治家とつながりがあるのかリストを出してほしい」という声はあったんです。「その人たちにはもう投票しません」という手紙がけっこうきたんですよ。

——九二年は有田さんが週刊文春で合同結婚式を報じたときですね。

当時人気のあった女性タレントが合同結婚式に参加するという記事を書いたらワイドショーが大騒ぎになって、ぼくのところに取材に来て、テレビに出るようになって。そのあとも毎週のように書き続けました。でもネタなんか切れるわけですよ。当時のデスクで、のちに文藝春秋の社長になる松井清人さんに泣き言を言ったんです。もう書くことないですよって。だけど、キャンペーンは続けることに意味があるんだって言われたの。そうすることで情報が入ってくるんだって。それはまさしくそうだった。

朝のワイドショー終わりで銀座の地下を歩いていたら、女性に「有田さんですよね」と声をかけられた。「世界平和女性連合というのは統一教会（当時、以下同）ですよ」と言われて、調べてみたらまさしく統一教会のフロント組織だった。そこからまた別の女性タレントが統一教会に入信させられそうになっていることがわかって、それを書くわけです。

――そのときの有田さんの動機はどういうものなんですか。怒り？

いや、怒りではない。それ以前に朝日新聞が「親泣かせの〈原理運動〉」という見出しで親の嘆きを書いた。あんなにやさしい子がなぜ、と。ぼくも朝日ジャーナルで霊感商法を追及していて、抗議文がきたり嫌がらせや尾行されたりということはあるんだけども、子どもが入信した親の苦しみが実感としてわかるわけではなかった。

それが、九二年になるとテレビ局や編集部に手紙がたくさん届くんですよ。うちの息子が、娘が、入信してしまったので相談にのってほしいって。親御さんに会って話を聞いていくうちに、はじめて親の苦しみがわかるようになったかな。

――統一教会そのものに対する印象は変わっていきましたか。

現場を歩いて、たくさんの人に会っていくことで――脅迫電話をかけてくるような信者も含めてね――、統一教会という組織の全体像に少しずつでも近づけているかなということはありますね。

有田は、旧統一教会という組織は厳しく非難するが、個々の信者について話す口調は穏やかで、親しみさえこもる。

――統一教会とのファーストコンタクトは一〇代のときだったそうですね。

京都で浪人中に、河原町を歩いていて小柄な女性と目が合って、「アンケートに答えてもらえませんか」と声をかけられました。「時間をとって話をしませんか」と誘われて、そのときは時間がなかったので、数日後に会う約束をしました。

夜七時に待ち合わせて、近くの喫茶店に入りました。「もう第三次世界大戦は始まっているんです」と繰り返し言うんです。そうだとしたらどうすればいいんですかと聞いても、思わせぶりなことを言うばかりで、噛み合わない。一一時ぐらいに、あなたとは考え方が違うということはよくわかったと言って別れました。「みんなが集まっているところに行きませんか」と誘われたけど、断りました。「ああ、ホームだな」と察したので。

――「ホーム」とは。

信者たちが集団生活をしているところです。三〇人ぐらいで寝泊まりして、そこを拠点に街頭アンケートから始まる信者勧誘、難民救済と称した募金、霊感商法などに出かけていく。そういった活動は『献身』と呼ばれていて、二四時間三六五日、統一教会のために働くんです。

――そのときにすでに統一教会を知っていたんですか。

ぼくは高校を卒業した直後に共産党に入党するんですが（一九九〇年に除籍）、当時の共産党は統一教会をかなり認識していて、機関紙『赤旗』などで記事や論文が出ていました。共産党系の媒体以外にも、のちに『原理運動の研究』（晩聲社）を書く茶本繁正さんや、『勝共連合』（新日本新書）を書くインド哲学者の日隈威徳さんら、統一教会について書いている人はいました。

——統一教会とわかっていてその女性と会おうと思ったのはなぜ？

どんなことを言うのか聞いてみようという好奇心ですね。高校時代からジャーナリストの本多勝一さんの本なんかをむさぼるように読んでいて、将来は新聞記者になりたいと漠然と思っていたから。

その女性、Wさんとしますが、Wさんに会って、真面目な人だと思いました。当時、共産党は統一教会のことを「韓国生まれの反共謀略集団」と呼んで批判していたんです。そういう呼び名が「嫌韓」や「反韓」につながるのはよくないし、共産党も今は使っていませんが、党が貼っていたレッテルと、実際に会ったWさんの印象は、まったく違っていた。

今回の一連のできごとがあって、彼女はどうしているんだろうと気になって、内部資料を調べてもらったんです。そうしたら、一九七五年の国際合同結婚式の名簿に彼女の名前があった。「やっぱり結婚式に行ったんだ」と思いましたね。

——本名を名乗って勧誘していたんですね。

仮名にすることもしないぐらい、素朴な人たちなんです。だから、「韓国生まれ」は事実だし、「反共」も正しいんだけど、「謀略集団」とWさんがどうしても結びつかないんだよね。今だって一人ひとりの信者はごくふつうの、やさしい人なんですよ。

Wさんと会った七年後に、たまたま出張で京都にいて、府知事選の街頭演説を妨害しようとする集団に出くわしました。ゼッケンやビラに書かれている内容で、（統一教会信者が主な構成員である）国際勝共連合だとわかりました。遠くからでもわかるほどの罵声をあげて、目を血走らせていた。そこにWさんの姿があったわけではないんだけど、たぶんこの人たちも、Wさんのようにふだんはおとなしい人たちなんだろうと思ったのが、関心をもつ理由になったのは確かです。

――これを自分のライフワークにしていこうという考えがあったんですか？

まったく考えない。こういう社会悪をのさばらせちゃいかんみたいな気持ちもなかった。フリーのジャーナリストで統一教会をやるなんていうのは、変な人なんです。みんなやりたがらなかったんです、気味悪がって。お金にもならないし。

ただ、ぼくは上田耕一郎さん（政治家、一九七四年から九八年まで参議院議員）に憧れて、上田さんの本を出していた出版社に就職するんだけど、上田さんに「組織が言っていることと現実が食い違っていたら、迷うことなく現実を選べ」と教えられたんです。何度も言われた。人間はどうしても、自分の頭の中にあることが正しいと思い込んでしまう。だから、現場に行かなきゃダメだというのを、今になるまで続けているだけだと思いますけどね。

Wさんのような素朴でおとなしい若者が、なぜ極端な教義に惹かれていくのか。有田は何人もの信者に会い、一九九〇年に『原理運動と若者たち』という本を出した。

――有田さんは日本の若者たちの言うなれば精神性みたいなものに、関心をもっていたわけですか。

結果的に、統一教会に入る人にはこういう傾向があるんだなと思った、ということだと思う。信者の親にも話を聞いて、反抗期がない人が多いことや、家庭における父親の「不在」との関連が見えてきたり。

勧誘の仕方にもいろんなマニュアルがあることもわかった。さまざまな方法で信仰を植え付けていって、最後の最後、暗い場所につれていかれて、「この世にはすでに再臨のメシアがいるのです」と言われるんですよ。そうすると、サクラになっている信者がわんわん泣き出して、そこへ文鮮明夫妻の写真をどーんと出されると、「再臨のメシア」だと思い込んでしまう。

じゃあ、なぜそういうところへ惹かれていってしまう人がいるのか。統一教会が韓国でできてからもう六八年経っているし、オウム真理教だって解散したけど分派は残っていて、今でもそこへ入っていく若者たちはいるわけですからね。教義と言ったって、ふつうは「なんじゃそりゃ」というものなんだけど、信じる人は信じてしまう。

――安倍氏を銃撃した容疑者の男性については。

二〇一九年に来日した韓鶴子を狙ったけど果たせず、その怒りが安倍さんに向かってしまった。そこまでの深い恨みは、ちょっと想像できない。一億円以上の献金をして家庭を破壊したのは母親なのに、母親を殺そうとはしなかったわけでしょう。

――驚くのは、容疑者の母親が入信の度合いを深めているということです。

毎日、文鮮明の御言葉集を読んでいるそうです。それで「教団に悪いことをした」と言っていると。自分がちゃんとした信仰をもっていれば、息子を統一教会に入信させて、合同結婚式に参加させて、「地上天国」をつくるために一緒に活動することができた、それができなかったのは自分の信仰が弱かったという解釈なんです。本当に理解できない。

その母親ですら、何か悪いことをしようとして入信したわけではなく、亡くなった夫や、病気の長男を助けるために入ったわけです。その思いに偽りはない。だけど、残された容疑者と妹さんは、食べるものもない状況で、極限まで苦しんだ。彼は家族思いだったんですよ。

そういう二世がいっぱいいるんです。問題は教団なのです。

有田は二〇一〇年に参議院議員に初当選。二二年まで国会議員を務めた。

――国会議員時代も人に会ったりはしていたんですか?

統一教会はほとんどできなかった。ぼくが国会に行った理由は拉致問題だったし、期せずしてヘイトスピーチ問題に取り組むことになったので。

――これからどんな活動をしていきますか。

統一教会に関していえば、臨時国会で宗教法人としてふさわしいかどうかという議論になるでしょう。だけど、統一教会自身がそう言っているように、宗教法人としての世界平和統一家庭連合は収益事業はやっていないわけです。信者たちが株式会社をつくって霊感商法もやってきたし、一億円以上の献金をしている信者が何百人もいる。異常な状態なんです。これは、統一教会が宗教法人でなくなったって続くわけですよ。教義が根源なのですから。韓国にある本部をトップとして、日本各地に支部があり、献金させて吸い上げるという構造は残るわけ。この構造をなんとかしなければ解決しない。ものすごく大変な話なんです。

岸田さんにしても茂木幹事長にしても、問題のある宗教団体とは関係をもたないという言い方をするんだけれども、何が問題なのかを説明しないんです。何が問題かがはっきりしなければ、国民の側もすっきりしないのではないかと思います。

いま大事なのは、過度な献金に法的にどう対処していくかと、二世たちの悩みや不安を解決する仕組みをどうつくっていくか。そういう話をしようとすると、信教の自由があるじゃないかという議論に引っ張られるんだけど、それをどう乗り越えるかが課題だと思ってい

ます。

けっきょく外出せず、ルキノ・ヴィスコンティ監督の『郵便配達は二度ベルを鳴らす』（一九四二）と、ジャン＝リュック・ゴダール監督の『気狂いピエロ』（一九六五）を久々に観た。十何年かぶりだろう。腹が減ったら、長粒米を炊いてレトルトカレーをかけて食す。

10月14日　コーヒーと古本とやちむん

沖縄そばで焼きそばを自炊。新都心に腕時計の電池交換に出かけた。帰りに、古い付き合いの自宅近所の皮革クラフトワークショップに修理に出してあった皮製のバッグを引き取りに行く。白い猫がアトリエ内を何匹がうろうろしている。保護猫だそうだ。どこかに隠れているのも入れれば、店内には猫が一〇匹ぐらい暮らしているんだそう。このあたりは野良猫が多く、轢死してしまう猫も少なくないので、できるかぎり保護して育てているという。

そのまま、「ひばり屋」へ行き冷たいカフェオレをいただいたあと、桜坂劇場に出向き、『チロンヌプカムイ イオマンテ 日川善次郎エカシの伝承による』（二〇二一）という一九八六年にアイヌの幻の祭りといわれるキタキツネのイオマンテを記録した映像をレストアし、三五年ぶりに一本に仕上げたドキュメンタリー作品を鑑賞。桜坂劇場内の古書コーナーで『気狂いゴダール―ルポルタージュ：現場のゴダール』（ミシェル・ヴィアネイ著、奥村昭夫訳、一九七六）を購入。

観終わって、「陶・よかりよ」に寄って茨城県笠間市で作陶している阿部誠さんの作品をもとめる。そのあとは、いつものセンベロ寿司屋「米仙」に一人で晩飯を喰う。一〇〇〇円で握り五貫と飲み物を好きなものを二杯。ただし日本酒は一種のみ。この日は「鍋島」の高いやつ。ラッキー。東京ならたぶんこの三倍近い値段。

10月15日　榎森耕助さんと会う

新都心のカフェで芸人の「せやろがいおじさん」こと榎森耕助さんと会う。「AERA」の「現代の肖像」で取材させていただきたいと申し込んだ。と、すぐさま取材を快諾していただき安堵。

その足で安里十字路に向かい、「つばめ」で沖縄そば御膳をいただく。食べ終わって、「ひばり屋」に歩いていって、琉球石灰岩で石獅子を制作する若山大地さんと若山恵理さん夫妻と、陶芸家の岩田智子さん——大地さんと岩田さんは沖縄芸大時代の同級生なんだそうだ——のコラボ企画「シシハナ展」をのぞきにいき、目をつけていたコラボ作品を購入。岩田さんの作品も気に入って買う。朝は雨が降って、なんせ野天の展示会だから開催が危ぶまれたが、晴天になってよかった。「ガーブドミンゴ」の藤田俊次さんや島村学さんら友人・知人もやってきて、しばし懇談。

いったん帰宅し、夕刻に「おとん」で島村学さんと待ち合わせる。島村さんとは同い年なのだが、この歳で新しい仕事を始めるとしたら何があるのだろうという、まあまあ深刻な話をする。中座して「米仙」に寄り、構成作家のキャンヒロユキさんとも飲む。脚本家の徳田博丸さんらお笑い関係の方々もやってきて閉店間際までわいわいやる。

二〇メートルほど先の路地では背の高い白人男性と、ヒップホップ風の格好をした若い兄ちゃんがもみ合っている。ぼくは毎日のように「米仙」で飯を喰っているから、そんな光景を何度も見るようになった。兄ちゃんの仲間らしき人たちが止めに入っていたので、流血騒ぎにはならなかっただろうが、以前よりもこの筋は若干、荒んだかんじがする。まあ酒場街の路地なんてそんなもんだろうけど。

10月16日　ケーキ屋「アベニア」をちょこっと手伝う

昼前に起きて野菜たっぷりのポモドーロスパゲティを自炊。取材のアポ取り、雑務などを諸々こなしたあと、ゴダールの『勝手にしやがれ』（一九六〇）を観る。先日もとめた『気狂いゴダール――ルポルタージュ：現場のゴダール』をひろい読み。

今日は知花園子さんが再建に尽力したケーキ屋「アベニア」が新規オープンの日。初日なので混んでいるだろうから、散歩がてら夕刻に出向く。三時すぎに着いたのだが、テレビや新聞が取材に来ていた。ケーキは残り数個になっていた。ぼくはバナナケーキを買うことができたが、完売させちゃおうということになり、ぼくが店の前に立ち、のぞいていく人に「ケーキですか？　あと、数個で完売なんです」と声をかけた。すると一〇〇パーセントの確率でぼくが声をかけた方々はケーキ目当てで、もう売り切れかなあと思って来たとのことで、次々と売れていった。三〇分ほどで完売。

新規開店にともないオーナーとなった知花園子さん。ぼくは彼女がオーナーになっていることを知らなかった。アルバイトで入って、移転騒動の中で立ち回り、新規移転オープンにあたって、SNSなどで一気にこの老舗の人気を広めた立役者になり、そのまま店の主力になっていたことは本人から聞いていたが、なんと営業の権利上も「ケーキ屋さんのオーナー」になっていた。びっくりした。ぼくは、彼女を「琉球新報」の連載「沖縄ひと物語」で「落語イベンター」という肩書きで書いた。のちに『沖縄ひとモノガタリ』（二〇二二）という琉球新報社から出してもらった単行本にまとめた。肩書きが一つ増えたわけだ。人生の転がり方ってわからんなあ。

歩いて帰ってきて、レトルトのポモドーロスパゲティを食べる。夜にTwitterをのぞいたら、「お声を掛けていただいて、ギリギリセーフでバナナケーキを買えた者です！　やっぱり完売だ……と諦めて帰ろうとしていた私達に声をかけて下さり、本当にありがとうございます。あたたかく家族でいただき、幸せな時を過ごせました。ありがとうございます」とぼく宛ての呟きを発見。知花さんが取材の対応で慌ただしかったので、ちょこっとお手伝いしただけなのに、心がほっこりした。バナナケーキは「アベニア」の看板商品だが、素朴で上等な味。寝る前に、ゴダールの『さらば、愛の言葉よ』（二〇一四）を繰り返し観た。

10月17日　かつて大喧嘩した知人と再会

冷蔵庫の残り物を整理しようと思って、野菜とソーセージを使って焼きそばを自炊。午後からバスに乗って宜野湾市大山の「パイプラインコーヒー」へ。そういえば、いつものバス停でいつも乗る系統のバスが素通りしてしまったので、いっしょに待っていたおばあさんが「どうして行ってしまうのかねえ？」と不思議がっている。けっきょく次にやってきた違う系統のバスにおばあさんもぼくも乗ったのだが、あれは何だったのだろう。

約束時間きっかりに店に着いたら、もう宮城恵輔さんは定席のテラスのテーブルにいた。彼のことは以前、「琉球新報」の連載（『沖縄ひとモノガタリ』）に書いたが、そのときの肩書きは「飲酒運転撲滅アドバイザー」だったが、いまは「アーティスト」が加わっている。彼は飲酒運転が原因でバイクで自損事故を起こし生死をさまよい、両腕が使えなくなった。いまはタッチペンを口にくわえ、タブレットで絵を描いている。アウトサイダーアートの腕をぐんぐん上げ、グループ展にも参加するまでになった。ぼくの二拠点日記本第二弾の装丁は彼の作品で飾らせてもらおうと思っている。その打ち合わせ。

打ち合わせ最中に雨足がひどくなった。土砂降りが止まないので近くのコンビニで傘を買って、バス停へ。ちょうどタイミングよくバスがやってきたので、牧志までゆられる。たまに顔を出すTシャツ専門店「SOUKO」に入り、店長とゆんたく。店長は怪獣「ヘドラ」マニアなので非売品の「ヘドラ」のフィギュアコレクションを見せてもらい盛り上がる。ぼくも「ヘドラ」が好きなのだ。店長が「昨日、アベニアでケーキを売っていた藤井さんじゃないですか。知花園子さんのツイッターで見ましたよ」と驚いた顔で言うので、「はい、そうです」と答える。オリジナルTシャツを買う。

そのあと「浮島ブルーイング」でオリジナルのクラフトビールを飲みながら、オーナーの由利充翠さんとゆんたく。栄町へ移動して、「ちぇ島」で深谷慎平さんと飲む。崔泰龍さんの焼き上げる焼き鳥はいつもながら秀逸。深谷さんに日頃の拙宅の管理に感謝。

と、帰り際の客に声をかけられた。よく見たら思い出した。沖縄大学教員の須藤義人さんだ。七〜八年前に何人かで台湾料理屋で飲み会をしていたとき喧嘩して以来だったことはすぐに思い出せたが、その喧嘩の理由に「文脈」があったことを聞かされた。どうもぼくが彼の教え子筋の人に対してけっこうキツいことを言ったらしい。須藤さんはたしか途中で店を飛び出してしまったぐらいだから、ぼくも自分なりに言い分に自信があったのだろうが、言い方が罵倒に近かったのだろう。酒の席だったからか、彼の顔も、その「文脈」もすっかり忘れていた。また飲もうねと言って別れた。

帰宅して『マインド・コントロールの恐怖』(スティーヴン・ハッサン著・浅見定雄訳、一九九三)を読んでいるうちに寝てしまった。

10月18日　盟友・島袋夏子さんと飯を喰う

レトルトカレーを長粒米にかけて食す。野菜はありものを茹でて喰う。夕刻まで仕事や読書。高野秀行さんの『語学の天才まで1億光年』(二〇二二)をぱらぱらめくる。すごいな、この人。歩いて「ひばり屋」に寄ってアイスカフェオレをいただきつつ続きを読む。雨がひどくなってきたので、スタバに避難して読書を続ける。

夕刻に琉球朝日放送の畏友・島袋夏子さんと松山の「酒月」で合流。彼女とは三〇年近い付き合いだが、つもる話をしていると彼女は人生の転機にさしかかっていることがわかった。才気あふれる映像ジャーナリストはこれからどのような道を進むのだろう。

10月19日　ガレッジセールの川田広樹さんを描いた

一〇時ぐらいに目が覚めて、冷蔵庫の残り物の野菜などを使って焼きそばを自炊。明日昼前には那覇空港に行かねばならないので、忘れ物などをチェック。洗濯。沖縄国際大学教員の野添文彬さんの『沖縄県知事―その人生と思想』(二〇二二)を読む。先日、SNSでやり取りして「そのうち会いましょう」と約束したばかり。

夕刻から、先日取材して「AERA」に書いたばかりの川田広樹さんと、キャンヒロユキさんと久茂地で合流。早くから開いている居酒屋に行くと、「きいやま商店」のリョーサさんもいてびっくりした。河岸を変えるうちに、沖縄出身の若手芸人や、若手の企業家も集まり、盛り上がる。キャンさんのまわりにはいつも人が大勢いる。とびぬけてオッサンなのはぼくだけなのだが、爆笑の渦のような場に溶け込めたような気がする（のは、ぼくだけか）。

この日記で、「AERA」の「現代の肖像」で伊江島を中心に沖縄戦の体験者の話を記録していた、お笑い芸人「ガレッジセール」の川田広樹さんを取材していることは触れてきたが、ここに全文に少し加筆した文章を収録しておく。

今年六月に沖縄ローカルでオンエアされた沖縄復帰五〇年特別番組で、あるアクシデントが起きた。司会はガレッジセールのゴリがつとめ、相方の川田広樹（四九）は「雛壇」にパネリストのひとりとして座っていたが、番組中に川田が号泣したのだ。

この特番は、沖縄が「日本」に復帰してからの五〇年目をクイズ形式で振り返る番組（収録）で、番組中に沖縄戦の映像が流れた。そのあと、ウクライナがロシアに軍事侵攻されている映像も流れ、ウクライナに接している国でウチナーンチュ（沖縄県出身者）が、避難民の支援をしているということが紹介された。

川田は沖縄戦の映像あたりから涙を堪えていたが、ウクライナの映像になると声をあげて泣いた。その上、「何もしゃべれなくて……ごめんなさい」と番組中に謝る始末。収録後、川田は「恥ずかしいから、あそこはカットしてほしいなあ」と周囲に漏らしていたが、そのままノーカットでオンエアされた。

「芸人になって二五年以上になりますが、コメントできないほど泣いてしまうなんて初めてのことでした。ウクライナで逃げまどう人たちの現実が、七七年前の沖縄戦と被ってしまって……。助けてくれてありがとうと言っているウクライナのおばあさんを観たら、堪えきれなくなって、涙があふれて止まらなくなってしまったんです」

そう真顔で言って、川田は頭を掻いた。

第二次世界大戦後、連合国軍の統治下にあった日本は、一九五二年四月のサンフランシスコ講和条約発効で主権を回復した。しかし、沖縄、奄美群島、小笠原諸島は切り離されて米国の統治下に置かれた。沖縄返還協定が締結されたのが七一年六月で、翌七二年五月一五日に、沖縄は本土復帰を果たした。この年、沖縄で生まれた子どもは約二万人。本土復帰の年に生まれた子どもを沖縄では「復帰っ子」と呼び、将来の沖縄を担う世代として、上の世代から折りにつけ期待されてきた。

沖縄から上京してすぐ、同郷の人にだまされる

ガレッジセールは二人とも「復帰っ子」である。ゴリは一九七二年五月生まれで、川田は七三年二月生まれ。川田は早生まれなので、ふたりは同学年になる。この学年を沖縄では「復帰っ子」として扱う。

その「復帰っ子」も今年50歳になった。同じ復帰っ子で、川田の友人でもある、お笑いコンビ「ハンサム」の金城博之は「『復帰っ子』じゃなくて、もう『復帰おじさん』ですよね」と笑う。

「おじい、おばあが生き残ったのは奇跡的だと思いますけど、ぼくらが生きていることはラッキーで済まされることじゃなくて、申し訳ない気持ちになるねと川ちゃんと話してます。復帰っ子としてできることを、お互いに芸人として見つけようとしています」

「復帰っ子」の中には、勉強会を開いたり、戦後から復帰前までをよく知る識者から学んだりと、沖縄の将来を考えるために意識的に活動をしてきた者も少なくない。しかし、川田はこれまで「自分は復帰っ子」という自覚はあったというが、「芸人としてテレビに出て売れることだけを考えて生きてきて、とくに何もしてこなかったんですよ」と話す。

そもそも家では、慰霊の日（六月二三日、日本軍の組織的戦闘が終わった日）も手を合わせるぐらいで、戦争の話を多く語る家系でもなかった。

少し前に親戚が多く集まったときに母方の祖父の話を聞いたら、兵士として招集されて出征する前に、親戚に別れを言いに来たそうです。初めて知りました――と川田は言った。

「戦死だとは聞いていたんですが、遺骨などはなく、消息もわからないままです。出征前に訪ねてきたことも、それまで親戚の誰も言わなかったんですよ。ぼくが聞いたら教えてくれましたけど、これまでじっくり話を聞いたこともなかったんです」

そんな川田が、沖縄復帰五〇周年番組で号泣したのにはどんな理由があるのだろうか。

お笑いコンビ「ガレッジセール」は、ゴリが中学校の同級生だった川田を誘うかたちで一九九五年に結成した。ゴリは役者を目指して東京の大学に進学していたが、川田曰く「ある日とつぜん、お笑いに目覚めたと電話がかかってきたんです」。川田はゴリの誘いに乗り沖縄から上京したが、その日常は「天然ボケ」ともいえる日々だった。

「東京に出てきて一、二年の頃、新宿で沖縄の言葉で話しかけられたんです。当然、信用するじゃないですか。そしてたらキャバクラへ連れていかれて二〇万円ぼったくられました。ムカついてそいつを捜しにいったんですけど、もうそいつい なくなってて。沖縄の人でも信用したらいかんなあと……ショックでしたね」

山手線に乗るときに手を挙げて停車させようとしたという逸話も残っている。沖縄には電車がなく、バスを利用するときに手を挙げて止める習慣があり、それが出てしまったのだと川田は笑った。

とにかく日常生活が笑いのネタの宝庫だった。一〇〇円ショップで「これいくらですか?」と店員に尋ねたり、コントの小道具で女性の下着が必要になり買いに行ったものの、川田だとバレてしまい、レジで声だけを変えて「これください」と言ってみたり。所属事務所が人間ドックの予定を入れていたのに、友だちと遊ぶ約束をしてしまい、当日になって病院へ「今日は具合が悪いので行けません」と電話したこともあった。

「『笑っていいとも!』に準レギュラーとして出演していたとき、前の日に飲みすぎて本番に遅刻したことがありました。タクシーの中でオープニングを観たんです。それで笑いをとろうとして、顔中にホクロをメイク室で書いていたらプロデューサーに見つかり、なめてんのかっ! とめちゃめちゃ怒られたんですが、謝りながらホクロを手で消していったこともありました。あのときは芸人人生終わったと思いましたね」

川田の母親は、「私は芸人になることも反対してましたし、東京に行ってからも反対してました。あの性格ではうまくいくはずがないって」と笑いながら、実家のダイニングで飼い犬の頭をなでた。

ガレッジセールは、川田の日常的やらかしもネタにしつつ、天然ボケの川田のツッコミと、エッジの立つキャラのゴリのボケで人気を獲得していく。九〇年代末に「笑っていいとも!」のレギュラー出演を皮切りに、沖縄ブームをつくったとされるNHKの連続テレビ小説『ちゅらさん』に揃って出演するなど、時代と目が合ったふたりは売れっ子芸人の仲間入りを果たした。安室奈美恵やSPEEDなど「沖縄発」のカルチャーが爆発的に売れていく時期でもある。川田は「相方(ゴリ)が前に出て、自分は脇役的にやってきたから長続きしていると思う」と客観的に自分を見つめる。ゴリは何本も映画製作に乗り出したり、川田は「ピン」で舞台に出るなど、変化をしながら各々の芸人道を歩いている。

復帰五〇年のタイミングで伊江島に通い始める

「最初はガレッジで沖縄のネタをやってもウケなかったんですが、東京で沖縄の受け入れられ方が変わってきたんですよ。その頃から漫才で沖縄ネタやコントがウケるようになって、沖縄のおもしろさを伝えたいという気持ちが強くなっていきました」

フジテレビのバラエティー番組「ワンナイR&R」でゴリが女性に扮したキャラクター「ゴリエ」が誕生すると、日本中でブームになった。対照的なふたりが生み出すガレッジセールの笑いは広く受け入れられ、押しも押されぬ人気芸人へと駆け上がった。

天然ボケで、天真爛漫なキャライメージが強い川田が今、沖縄戦で島全体が焦土と化し、島民の約半数が戦闘に巻き込まれて亡くなった伊江島に通っている。

沖縄本島北部の本部半島の先端にある本部町から西へフェリーに乗船するとほどなくして伊江島のシンボルともいえる「城山」(伊江島タッチュー)の輪郭が視認できて、三〇分も経たないうちに上陸できる。

その島で生き延びた戦争体験者のインタビューを「復帰っ子」の仲間と一緒に続けているのだ。前出の金城もプロジェクトを応援している。クラウドファンディングで集めた資金などを活用し、インタビューした映像はドキュメンタリー作品として完成させる予定だ。

「復帰五〇年のタイミングで、ぼくの中の何かがものすごく変わったんです。戦争体験者の話は、幼い頃から聞いてはいたんですが、大人になってちゃんと聞いたことはなかった」

沖縄戦の体験者のインタビューをするきっかけは、二年ほど前に親友が突然亡くなったことだった。川田が小学生のときに同じ団地内の棟に住んでいた幼なじみ。川田は親友の死にショックを受けている中、その親友の知り合いでもあった「復帰っ子」たちと出会う。彼らと会っているうちに、沖縄戦の体験者の話を聞こうという話に発展し、仲間の一人のツテで、伊江島戦で生き残った「おじい」や「おばあ」の話を聞いてみようという話がふくらんだ。その体験は凄まじいものだった。

「伊江島から沖縄本島へ馬で海を渡ったセージンおじい、避難していた壕に毒ガス弾をアメリカ軍に投げ込まれて、父親と親戚はほとんど亡くなったカメキチおじい、自分の子どもを殺して、それでも自分を責めながら生きるおばあの苦しさ……。伊江島戦の資料館にも行った。戦闘に巻き込まれて亡くなった血だらけの子どもの着物を見て、精神的にも落ちました。おじいたちが繰り返し、生きることは逃げることだ、ということを言っていましたが、胸に刺さりました」

そのとき、おじいやおばあの声を残す、と川田は心に誓った。「何となく知っていた沖縄の戦争を生の声で聞いて、心が叫び声を上げたみたいになった」のだと言う。

「ぼくの中で考えたこともなかった『復帰っ子』の使命感みたいなものに目覚めて、いま体験者の証言を聞いて伝えなければという衝動に突き動かされるようになったんです。五〇年間で初めての経験です」

伊江島戦体験者の話――一人になってから泣く

それは、川田も五〇歳を目前に控え、人生の節目を迎えていることと無関係ではないだろう。二〇一八年に急性肺塞栓症を患い、治療のために二週間の休養を余儀なくされた。「お酒の飲み過ぎでしょうかねえ」。親友が亡くなった半年前には父を亡くした。

沖縄出身のデュオ「Ｋｉｒｏｒｏ」のメンバーである玉城《たましろ》千春（四五）は、沖縄の学校などで子どもたちへ、自身が夢を叶えてきた経過を話しながら、戦争や平和について語り、歌うという活動を続けている。

「もともと、川田さんは子どもたちのために、沖縄のために俺ができることは何だろう、といつも考えていたんじゃないかと私は思っていますよ。川田さんは沖縄を離れて仕事して子育てをして、自身も病気を体験されて、これから先、俺は何のためにどんな生き方ができるのか、考えたんじゃないでしょうか。復帰五〇年という節目に、ガレッジセールの川田広樹ではなく、ひとりのウチナーンチュの〝復帰っ子〟として沖縄のために何ができるかを考えさせられたのでは」

川田と掛け合いのスタイルで、一五年前から沖縄の地元ラジオ番組を制作・出演している放送作家のキャンヒロユキ（四八）もこう話す。

「体験者の話を聞くのはいよいよ今しかないし、復帰っ子もこれから年をとっていく。ぼくから見たら、川田さんは覚醒したという感じがしっくりくるんです。芸能人として自分にできることを本気で考えている。ガレッジセールは、具志堅用高さんや島うたの歌い手たちと同じように、沖縄に勇気を与えてきた存在ですから」

川田が「カメキチおじい」と呼ぶ、内間亀吉さん（八四）にインタビューする場面に立ち会った。伊江島戦のとき内間さんは六歳で、日本軍から三個の手榴弾を渡されたという。元は一族の墓として使ってきた自然壕で「集団自決しよう」と誰かが言い出したが、三個で一族二五人全員が死ねるのか、万が一死ねなかったらどうするのか、と話し合いになり、けっきょく集団自決は実行されなかった。しかし、米軍に毒ガス弾らしきものを投げ込まれ、その影響で半数が犠牲になった。

内間さんは、壕の中で生まれたばかりの赤子を布で包み、そのまま穴を掘って埋めたのを見た話をした。泣き声がうるさいから米軍に見つかる、という日本軍の言い分に忖度し、年寄りが「自主的」にそうしたというのだ。

川田はほとんど質問をはさまず静かに耳を傾け、話を聞き終わると、仏壇に入っている内間さんの親族の位牌に跪いてこうべを畳にすりつけた。

「胸がはりさけそうな気持ちになります。一人になったときに泣いています」

そう後日、川田は打ち明けた。

「すごく覚えているのが、別のおじいがぼくの目を見て、戦争の悲しい記憶を『忘れたい。忘れたい』って言ったんですよ。ほかにも、もう亡くなってしまったおばあですが、このおばあは集団自決で我が子を殺したそうで、自分は生き残ってしまった。そのおばあが、『世の中に神様はいない。神様がいたらこんな地獄はないよ』と……」

笑いにできない「沖縄」に戸惑っているのかもしれない

今回の取材中、天然ボケのはずの川田には、どこで何を聞いてもついぞ出会わなかった。テレビでは見たことのない川田が言葉を絞り出そうとしていた。

「復帰五〇年」は世間的にはめでたい周年なのかもしれないが、川田は「復帰っ子」という十字架を背負っているかのような足どりで故郷の地を歩いている。沖縄戦を生き残った人々の語りと初めて向き合った川田はのたうち回っているように見えた。

「ぼくは明るい〝沖縄〟を笑いにしてきたけど、笑えない〝沖縄〟と向き合うことになり、そのギャップに戸惑っているのかもしれない」と、川田は自分の内面を表現した。

『民宿チャーチの熱い夜』という芝居への出演も三回目になる。二〇年以上前から上演されている芝居で、とある沖縄の田舎の民宿で、地元の人や「内地」からの旅行者が、「戦争」や「米軍基地」をめぐって議論を繰り広げるどたばた劇だ。とくに今年は復帰五〇周年ということもあり、「反戦」色を強く打ち出したアレンジがされた。主演をつとめた川田は、芝居の中で、「つないでくれた命を次に伝える」という台詞をしゃべるが、「あれは脚本に書いてある台詞だけど、自分の気持ちでもあるんです」と真剣な表情をした。

戦世《いくさよ》の阿鼻叫喚を身体に刻んで生きてきた世代は減り続け、「復帰っ子」世代がそのあとの世代にどう体験を継承していくのか、川田らが背負った課題はとてつもなく重い。内間さんも、「セージンおじい」こと宮城正仁さん（九三）も、「私たちはあと何年生きるかわからないから、若い人たちに知ってもらい、後世に伝え、二度とこういう戦争は起こしてほしくない」と川田らに望みを託す。

そういう一つひとつの体験者の言葉に動かされ、あるいは責任を感じ、川田は必死に沖縄の歴史と向き合っている。しかし、その自分を突き動かす衝動の源泉や理由を、まだうまく己の中では言語化できていない。

「沖縄のあちこちで集団自決とかあって、そこで偶然生き残った命とぼくの命がつながっている感じがして……うまく言えないんですが……」

いつも言葉を探せないで戸惑う川田について、キャンヒロユキが「あくまでぼくの感じ方なんですが」と前置きして話す。

「沖縄には『グソーやアマドゥイぬシチャ』(あの世と雨樋の下)という言葉があります。あの世と現世は近いのだから、あの世は恐れる存在ではないという意味です。この言葉で説明できるとは思いませんが、川田さんも年を取り、病気を経験し、親友や父を亡くしたことで、〝死〟が近くなっている。沖縄戦で起きた理不尽で凄惨な〝死〟のすぐ傍で呆然と立ち尽くしている心境なのかもしれません」

このキャンの言葉を川田に伝えると、「そうかもしれないですね。その沖縄の言葉の感覚はわかります。ああ、きっとそうです」と、どこか戸惑った表情をしながらも、嘆息した。

今は生活の拠点は大阪にある。子育ての真っ最中でもある。オフの日には大好きな大排気量のオートバイを乗り回し、海釣りに熱中する。東京と大阪、そして故郷の沖縄とも行ったり来たりの生活が続くが、「いつかは沖縄に帰ってきたいですね」と、やっと濁りのない笑みを浮かべた。

(「AERA」二〇二二年一〇月一〇・一七日号、登場人物の年齢は当時)

2022年11月

11月20日　白石和彌監督を描いた

何日か前から『仮面ライダーBLACK SUN』を観ていて、飛行機の中で観終わった。白石和彌監督の作品らしい——いろいろな批評が出ているのだろうが——勧善懲悪では割り切れない「白石イズム」というべきストーリー展開の余韻はじゅうぶんに残る。あきらかに「安倍三代」とわかる政治の歴史的腐敗とアジア侵略、そこから導き出される差別が現代まで続き、悪辣なヘイトスピーチデモ——現代でも差別主義者が引き起こしている——などを比喩的に随所に織り込んでいて、見応えは散りばめられている。監督の「差別」への「怒り」が伝わってくるが、監督と脚本家は被差別者に対する「支援」というものに対して特別な思い入れがあるのだな、と感じた。差別を見過ごす社会についても。つい通販でフィギュアをポチっと。

じつは、白石監督については前に「AERA」の「現代の肖像」で密着取材して人物ルポを書いたことがあり、いまでも懇意にさせてもらっている。『仮面ライダーBLACK SUN』の脚本を書いた髙橋泉さんにもお会いしている。

白石監督は「AERA」の取材が終わってからぐらいから、映画やドラマなどの撮影現場から罵声やパワハラをなくそうというリスペクト・トレーニングを現場に導入する運動をやっていて、ぼくも某所でおこなわれた、それを主題にした彼の講演を挨拶がてら拝聴したことがある。日本映画界はいまだに罵声が飛び交い、パワハラやセクハラが横行、レイプシーンなどが必要以上に描写されるなどしてアップデートされていない。

白石監督は故・若松孝二監督の事務所出身で怒号や罵声の中で育ってきた。その反動もあるのだろう。俳優やスタッフに「人権」や「尊厳」があるのは当り前なのだが、監督がそれをさも当たり前に蹂躙することは日本の映画界では「常識」になっていて、その悪しき「伝統」から抜け出せないオールドマンたちがたくさんいる。映画やドラマ、演劇などの制作現場ではパワハラやセクハラはつきものだ、とまでは口に出して言わないだろうが、内心はリスペクト・トレーニングに反発をする人も少なくない。

ぼくは「AERA」で多くの俳優が白石作品に出たがる理由云々ということを書いたが、彼は俳優やスタッフに対してパワハラめいた「演技指導」や注意をしないようにしていることも演者の人気の理由だったのかと新たに合点がいった。

掲載した文章に加筆したものをここに所収したい

薄日が差す昨年（二〇一九年）一二月のある日、白石和彌（四五）は、茨城県のうら寂しい田舎町を足早で歩いていた。工場群がむこうに見え、煙突が吐き出す煙が空をどんより重くさせている。

住宅地の中に、キャバクラや居酒屋が密集する一角がふいにあらわれる。ここは、一カ月前（当時）に公開された白石が監督した『ひとよ』の撮影地だ。白石はロケでお世話になった人の商店などを挨拶がてらたずね、映画のロケ地を丁寧に案内してくれた。映画公開後にロケ地をまわりお礼を言う監督は意外と少ないのだという。そういうところにも白石の人柄が出る。納得がいくロケ地を粘り強く、時間をかけて探し続ける。そのせいだろう、その土地の空気感が映画に滲み出る。

『ひとよ』は佐藤健（三一）、松岡茉優（二五）、鈴木亮平（三七）が演じる三兄妹の母親役の田中裕子（六五）が、家族に暴力を振るう夫を、経営しているタクシー会社のタクシーで――それもタクシー会社の敷地内で――で轢き殺すところから幕を開ける。大雨の降る夜だ。一夜にして人生が変わってしまった母と子どもたちが、一五年後に再会し、それぞれが抱える事情を激しくぶつけあいながら、愛憎が複雑に入り込みながら再生していく物語だ。

白石は、作品の舞台となるタクシー会社、劇中で佐藤がエロ本を万引きするコンビニ、松岡が働くキャバクラ、鈴木が勤める電気関連会社と、次々と回っていく。映画の世界観に合うタクシー会社を見つけるのに半年かかり、クランクインをあきらめる寸前だったという。さらに田中のスケジュールがあくのを一年待った。

「映画の冒頭、豪雨のなかで夫を轢き殺したシーンで、田中裕子さんが着るタクシー会社の制服のネクタイが曲がっていたんです。その感じがいいなと思っていたら、実は縫いつけてあった。すごいなと思いました。ネクタイの曲がり方一つでそれまでの経験をあらわしている。ぼくは情念の女優として田中さんが日本でいちばんだと思っている。待ったかいがありましたね」

小学校のとき両親が離婚――変化に気持ちが追いつかず

映画監督の若松孝二に師事、二〇一〇年『ロスト・パラダイス・イン・トーキョー』で長編映画デビュー。二〇一三年に『凶悪』で数々の監督賞を受賞して注目を集めると、二〇一七年の『彼女がその名を知らない鳥たち』でブルーリボン賞監督賞を受賞。翌年も『サニー／32』『孤狼の血』『止められるか、俺たちを』で同賞を二年続けて受賞している。『ひとよ』もまた、二〇一九年に「キネマ旬報ベスト・テン日本映画監督賞」を受賞した。今、白石作品には著名俳優たちがこぞって出演したがる。『恥さらし――北海道警察悪徳刑事の告白』を原作にした『日本で一番悪い奴ら』（二〇一六）や『孤狼の血』、『ひとよ』など、多くの白石作品に出演した俳優の音尾琢真（四四）は白石人気の理由についてこう述べる。

「どの役も、ちゃんとキャラクターが立つような演出をしている感じがするんです。メインの俳優が存在感を出すのではなく、その物語を生きる人になっている。主役も脇役も関係なく、どの役もおもしろくしようとする思いが白石さんにはあって、役者は違和感なく演じられるんです。他の監督だと、主役を引き立てるためだけに脇役を使うこともあるので、抵抗を感じる役柄も多いのですが」

ちなみに、音尾は『日本で一番悪い奴ら』にも出演しているが、音尾の父親は北海道警の警察官で、『恥さらし』を書いた稲葉圭昭――数々の違法捜査に関与し、覚醒剤取締法違反の罪で懲役九年――の元同僚であったというエピソードがある。

白石が監督する映画にはかならず「原作」がある。が、自分が気に入った原作となる小説などがあっても、積極的に映画会社に企画化して持ち込んだりすることはめったにない。映画撮影会社等からのオファーを受けることがほとんどだ。

『ひとよ』の原作は、劇団「ＫＡＫＵＴＡ」を主宰する桑原裕子（四三）の舞台作品である。桑原は映画化に際し、この作品を単なるヒューマンドラマや、家庭内暴力、母親の精神的病理といった社会派ドラマにしてほしくなかったという。

「白石さんの『凶悪』は、バイオレンスで恐ろしいシーンがいくつも出てくる一方で、市井の人々の現実的な闇も出てきます。私は（『凶悪』を）何度も見直せないくらいつらいんですが、こういう暗闇を知っている人は、その人たちが本来求める光や温もりも見ているはずだと思うんです。白石さんは、あくまで〝人間の有り様〟を描く方だと思うので、信頼していました」

白石の映画には、必ずと言っていいほど凄惨な暴力シーンが出てくる。『ひとよ』もまた、どこか殺伐とした郊外に生きる現代の家族のなかに、見えにくい、不可視の暴力が、見え隠れしながら存在する。

白石自身はノンフィクションから材を取ることを好み、作品は有名事件より世間から忘れかけていこうとしている事件が多い。『凶悪』は獄中にいる死刑囚が、殺人事件の真相を雑誌編集部に手紙で告発するという実話をもとにした作品だが、これでもかというほど血が流れ、人間の尊厳や命がおもちゃのように扱われる。

『孤狼の血』は抗争中の暴力団と警察の血なまぐさい闘いを描いた。先の『サニー／32』は、二〇〇四年に長崎県佐世保市で起きた同級生殺人事件をモチーフにして、加害者がインターネット上で神格化されていく異常な現実を描いた。

一方で、『ロストインパラダイス・イン・トーキョー』や『麻雀放浪記2020』『凪待ち』など、白石の世間的なイメージである暴力描写からかけ離れた映画も多く、題材はじつは多岐にわたる。タブーとされているテーマや、人間の本能や本性を剝き出しにしたような映画のほうが露骨な暴力系作品より数が多い。もちろんその中にも暴力描写はあるのだが。

「映画ってものは理不尽なもの、不条理なものを描くためにあると、物心ついたときから

ずっと思ってきましたから。エンターテイメントとしての暴力をこれでもかってぐらい描くことは好きです。でも、暴力を肯定しているわけではないんです。暴力って理不尽なものについてまわるでしょう。それに蓋をしないだけ。映画の題材は何でもいいんです」

一九七四年に札幌で生まれた。小学校低学年の一時期は名古屋に住んだが、父は一つの仕事が長続きせず、母はキッチンドランカーで酒浸りの生活をしていた。そのせいだろう、両親のケンカが絶えなかった。ある日、白石は母から告げられる。

「今日から別々に暮らすから」

両親の離婚が決まったのだ。白石は母と弟と共に、母親の郷里の北海道旭川市に移り住んだ。名字も母方の「白石」に変わった。

「当時の鬱々とした気分は今でも鮮やかに思い出すことができます。普通に生きていても、子どもにはあらがうことができない壁や不条理が、とつぜん立ち現れる。突き詰めると、それは精神的な暴力だと感じていました」

離婚で父の存在が家庭になくなると、その変化に気持ちがついていかなかった。両親の離婚を、友だちに話すことができなかった。映画と出会ったのは、この頃だ。

上京して「映像塾」へ入塾——深作欣二などの謦咳《けいがい》に接す

新しい自宅から徒歩5分ほどの幹線道路沿いでは、母方の祖父母と叔母が食堂を営んでいた。そのすぐ前にはバス停があり、常に人が多く集まっていた。そのせいだろう、映画会社がポスターを食堂の外壁に貼らせてほしいと頼んできて、そのお礼に映画の上映券を毎月くれた。小学生だった白石はその巻で祖父母や叔母に連れられて、もっぱらメジャーな洋画を観るようになる。それが映画にのめりこんでいくきっかけになった。

レンタルビデオ店が一世を風靡していたこの時代、中学生のときは日活ロマンポルノにはまった。高校に上がるまで洋画、邦画問わず、店にある作品を観まくった。それにあきたらず、映画専門誌を読むようになり、とくに撮影現場のレポートにひきつけられた。

「映画には俳優だけでなく、作り手がいるという当然のことを認識するようになったんです。撮影現場訪問記がとくに好きで、故・相米慎二監督の撮影現場で助監督が右往左往している様子がレポートされていたりして、〝ああ、お祭りをやっているんだな、楽しそうだな〟という感覚になり、映画の作り手として自分もそこに加わりたいと強く思うようになった。他の道へ進むという選択肢はまったく思い浮かばなかったんです」

高校を卒業すると、札幌の映像技術系の専門学校に通ったが、カメラマン養成を主軸に置いた学校だったせいか、映画論を闘わせるような相手は得られなかった。卒業後に「そんなに映画が好きなら」と母親が背中を押してくれたこともあり、北海道を出た。

最初は埼玉県所沢市内にアパートを借りて、ファミレスなどでアルバイトをしながら、映画監督の中村幻児（七二）が主宰していた映像クリエーター養成機関「映像塾」に、一九九五年に入った。学費が安かったことが選んだ理由の一つだったが、映画表現を志す者の梁山泊のような空間で、二〇代から四〇代までの人が全国から幅広く集まり、のちにともに仕事をする脚本家などとも知り合った。

白石はこの頃から小林正樹らが監督した古い日本映画をはじめ「ATG」（日本アート・シアター・ギルド）や「シネフィル」系の、インディペンデントで前衛的な作品も観るようになった。映像塾では映画制作のイロハを学び、深作欣二や若松孝二など錚々たる講師陣が映画論をぶった。彼らの謦咳に接し、白石は「映画とは社会の理不尽を描くものだ」という考え方を固めていくようになる。取材中、もっとも好きな映画をたずねてみると、巨匠・小林正樹監督の『上意討ち　拝領妻始末』(一九六七)を挙げ、時代劇はいつか撮ってみたいですねと笑った。

若松孝二から教えられた――映画は「権力側から描くな」

あるとき、若松が助監督を探していると聞く。若松は一九六〇~七〇年代に「暴力革命」を妄信する若者たちや、犯罪やセックスを積極的に描き、一部文化人のあいだでも熱狂的支持を得ていた。ずっと若松作品を観てきた白石は、まっさきに手を挙げた。

一九九五年、白石は東京・代々木にあった若松プロに通うようになる。出会った当初に若松から言われたことを今も覚えている。

「おまえ、殺したいやつはいないのか?」

若松との仕事の日々は大変で、心身を削られる思いの連続だった。助監督として現場に入ってまもなく、「俺の視界に入るな!」と怒鳴られた。それからも、「お前、集中力がない」「なんでできないのか」と、白石としてはしっかりやっているつもりでも雷を落とされた。

理不尽だと感じることもあった。若松は思ったことを何でも口に出してしまう人だった。何人ものスタッフがやめていく中で、白石もまた、やめようと思う日もあったが、少し経つと「メシ行くか」と若松が声をかけてくる。憎めない人でもあった。

若松プロに専属したのは二年間で、若松直系の井上淳一（五四）などは兄弟子に当るが、井上らの感覚では白石が若松プロに籍を置いていたという印象も薄い。しかし、白石は若松から「権力側から描くな」と徹底的に教えられたという自覚がある。

「ぼくが若松プロに入った時期が遅かったせいもありますが、暴力革命を賞賛するような空気はなかったですし、ぼくもそれに共感したわけではない。若松さんも、暴力による革命は内ゲバのように別の世界を生み出してしまうことを知っていたと思う。世の中で起きていることをちゃんと描き、怒りとやさしさを持ち、悲しめる人間たれということを教わりました」

その後、行定勲（五一）や犬童一心（五九）などが監督した作品にも関わり、二〇一〇年白石は『ロストパラダイス・イン・トーキョー』で長編映画の監督デビューを果たす。映画を観た若松監督からは「よかったよ」と声をかけられた。二〇一三年、『凶悪』で数々の映画賞を取ると、白石はアウトローを描くのを得意とする監督として一気に認知度を高める。『凶悪』で脚本を担当した髙橋泉（四六）は、白石をこう評価した。

「若松さんが直に権力に向かい合っているとしたら、白石さんは権力に翻弄される人や、多層化して複雑化した社会を介して権力というものに向かい合っていると思う」

髙橋が白石と映画のロケハンのために、ある殺人事件現場に赴いたときのこと。ふと、髙橋の視界から白石の姿が消えた。捜すと、白石は被害者が殺害されたであろう場所に手を合わせていたという。

「本気で向き合おうとしているなと思った。ぼくらは撮り終えたら忘れていくものなので すが、彼はそうじゃないなと。ニュースで死刑執行のテロップが流れると、白石さんは〝どきっとする〟って言ってました。自分が映画で描いた事件の加害者じゃないかと思うそうです」

暴力は時代で変わる――時代に合った撮り方を

若松プロの先輩で、映画監督の井上淳一は、白石の自伝的短編映画『マンドリンの女』を例えに出して、白石をこう分析する。この映画はほとんど知られていないと言っていいだろう。

「両親のケンカが絶えなくて、お母さんがいつも酔っ払ってる家族が描かれています。けれども、そんな家庭は〝普通〟じゃないという、社会の価値観に圧倒的な違和感があるんじゃないかな。普通の家庭っていったいなんだっていう。どんな家庭もどこかいびつだし、〝普通〟だと思っている日常の、薄い膜を隔てたところには常に暴力が隠れている」

白石は、暴力描写の過激さをふくめ、若松からの影響を自他ともに認めている。しかし、若松がテーマとして取り上げた「暴力革命」を、白石は世代的にリアルに感じられなかった。今のような複雑化した時代には、その時代に即した演出や撮り方があると考えている。ちなみに若松は豪放磊落な性格で強面の印象が強いが、白石は物静かで物腰の低い人物である。口数もどちらかといえば少ない。

「暴力は時代によってかたちを変え続けていきます。ドメスティックバイオレンスだったり、民族差別や性暴力、児童虐待、障がい者へのヘイトクライムだったり。ぼくは社会のさまざまな不条理のなかで、弱い立場においやられている人、うまく生きてこられなかった人、社会の底辺であえいでいる人とか、もがいている人とか、外れてしまった人を描きたいんです」

二〇一二年一〇月一二日、若松は深夜にタクシーにはねられ、五日後にこの世を去った。七六歳だった。このとき白石の一つの青春に区切りがつき、終わった。だが、強い反権力性を貫いた若松の魂は引き継がれている。

昨年（二〇一九年）、ミキ・デザキが監督した慰安婦をテーマにした映画『主戦場』の「KAWASAKIしんゆり映画祭」での公開が直前で中止に追い込まれた。

上映に対して抗議を受けた共催の川崎市が、主催者に懸念を伝えた結果だった。白石は即座に若松プロ――若松孝二が亡くなったあとも継続――とともに「過剰な忖度により『表現の自由を殺す行為』」だとして記者会見を開き、同映画祭で上映予定だった『止められるか、俺たちを』を取り下げた。同映画はかつての若松プロダクションを舞台にした「青春」映画である。

「若松さんならどうしただろうと思ったんです。だから近くの会場で無料で公開した。抗議の意思は行動に移す必要があると考えています。公金を使うことに批判もあったようですが、そもそも公金とはいろいろな考えの人が出した税金です。それを公権力や一部の声、インターネットの顔の見えない人間たちの悪意に怯えてやめるなんておかしい」

メディアの横並び風潮にも強い嫌悪感を示す。白石作品の常連俳優、ピエール瀧が昨年（二〇一九年）違法薬物使用で逮捕されたとき、瀧が組む音楽ユニット「電気グルーヴ」の音楽が配信停止になるなど、メディアが一斉にピエール瀧という存在を消した。そんな中で白石は、瀧の出演する『麻雀放浪記2020』を、東映の協力を得てそのまま上映したのだ。

「薬物依存は病気なので治療するものです。クスリをやった人間をメディアのなかで抹殺してとりつくろおうとするだけで、問題と向き合おうとしてない。もう思考停止ですよ。人間が堕ちていったり、再生したり、贖ったり、生き直していくということを描いて、社会に問うのがメディアのなかでのぼくらの役割なのに」

理不尽や不条理な出来事は誰の身にも降りかかってくる。白石もそのことをよく知っているのだろう。若松の他にもう一人、白石は大事な人を失っている。自分と弟を育ててくれた母親だ。

白石が三五歳ぐらいのとき、還暦をむかえたばかりの母が交通事故に遭い世を去った。相手はヘッドライトをつけていない不注意運転で、道路を横断中にはねられた。

「ぼくにとってすごく大切な二人が、たまたま同じ死に方をしました。人間は予想できない突然の出来事と、隣り合わせで生きているんです」

若松は撮影中、いつもこう吠えてきた。白石が教えてくれた。

「民衆に対して刃をつきつける」――。

ぼくもいつもそう思っていますよ、と白石は静かに言った。

（「AERA」二〇二〇年五月二五日号、登場人物の年齢は当時）


ついでに書いておけば、先月のこと、白石さんが監督をしている『極悪女王』というネトフリ制作のダンプ松本をモデルにしたプロレス映画を撮っていた最中に事故が起きた。ダンプ松本役の主演の芸人、ゆりやんレトリィバァが、頭からマットに落とされる技の練習中に脳を損傷し、救急搬送されたというのだ。ニュースによると、その危険な技のシーンを一〇〇テイクもしていたという。そのような技を一〇〇テイクも白石監督がやらせていたとはとても信じが

たい。ゆりあんさんの容体を含め、事態を注視していきたい。

那覇空港から安里の「福岡アバァンギャルド」へ。知人の医療関係者らと会う。友人の病のことでいろいろな相談をさせていただく。店内がうるさいので名物のモツ串煮込みとビールだけ胃に入れて、公設市場内の隅っこにある「一番餃子」へ移動。まだ、生暖かい風が吹き抜ける路上で新メニューのラム餃子をいただく。美味い。帰路に「りうぼう」に寄り、食材などを調達。

そういえば、昨日の「沖縄タイムス」に、琉球大学の野入直美さん（人文社会学部准教授）が『誰も書かなかった玉城デニーの青春』の書評を書いてくださっている。


まさに「もう一つの沖縄戦後史」だ。現在進行形で今に続き、未来にも関わっている。戦後史でありつつ、沖縄現代史である。

本書は、沖縄県知事、玉城デニー氏が政治家となるまでの青少年期を、本人だけでなく同時代を生きた友人、知人の「語り」を重ね合わせ、ひとつの時代として再構成したものである。

第1章「四畳半の青春」では、伝説の高校生ロックバンド「ウィザード」のエピソードを中心に、「バイク、ロック、コザ」の風景や音までが、回想の語りによってよみがえる。本書を読むと、これまで私たちが沖縄らしいと思ってきた赤瓦屋根や砂浜などの風景に、コザがあまり含まれてこなかったことに気づかされる。本書は、デニー氏とともにコザというまちの青春をとらえたドキュメンタリーにもなっている。

第2章「5人の『後輩』たち」は、それぞれの目にうつったデニー氏の姿を伝えるだけでなく、彼ら自身がどのようにこの時代を生きてきたのかを掘り下げる。

第3章「激動の日々」は福祉を学ぶための状況と帰沖、ふたたび音楽の世界に引かれつつ、多職転々を経てラジオのパーソナリティとして活躍するまでの青年期である。

第4章「あんたは『日の丸』を振らなくていい」と第5章「ミックスルーツと『沖縄アイデンティティ』」は、デニー氏の出自、そして「日の丸」を巡る忘れがたいエピソードを入り口として、沖縄のアメラジアンとしてのデニー氏を浮き彫りにする。

第6章「政治家、結婚、ルーツ」では、政治の道を進んでいったデニー氏を、その一番近くにいた人びとはどのようなまなざしで見ていたのかが回想される。

本書は、玉城デニー氏の著書『新時代の沖縄の挑戦―復帰50年 誰一人取り残さない未来へ』と呼応し合っている。青春の続きを、政治家としてのデニー氏を知りたい人は、デニー氏自身の著作をひもとくことができるだろう。


ありがたい。「琉球新報」にも著者インタビューを掲載してもらったし、共同通信社も著者インビューをしてくれて配信、三〇紙以上の地方紙に一一月中旬あたりに掲載された。

「日本復帰」から今年で五〇年の沖縄。伊江島出身の母と米軍関係者だった父を持つ玉城デニー知事の生涯をたどり、沖縄戦後史の一断面を描き出した藤井誠二さんは「デニーさんは、第二次大戦後の沖縄が受けた『痛み』を骨身で知る人間。だから信頼に値する、と私は

思う」と話す。

沖縄の政治史に玉城氏を位置付けようと取材を始めたが、本人へのインタビューを重ねるうちに「弾むように語る若き日のエピソード」に引かれた。

米軍統治下の一九五九年に生まれた「ミックスルーツ」の玉城氏。父が帰国して不在の家で生計を立てるため、母は幼い息子を親友の女性に預け、昼も夜も働いた。

県民の四人に一人が犠牲となった沖縄戦の記憶が生々しい当時、米国人とのミックスの子どもは差別や偏見に苦しんだ。玉城氏のいじめを受け、復帰運動の参加者から「あんたは日の丸振らなくていい」と言われた。

「自分は何者なのか、ルーツについて葛藤があった、と話していました」

そんな彼は育ての親の愛情を受け、高校時代には友人とのバンド活動に熱中する。新著では、差別への抵抗表現である沖縄ロックの特質に触れた。「家族や親族の愛情、そしてバンドが彼の自己肯定感につながった」

交流サイト（SNS）などで友人、知人を捜し当て、片っ端から連絡を取った。米軍普天間飛行場の辺野古移設に反対する玉城氏とは、政治的に異なる立場の人々も多かった。「取材相手の不利益にならないよう、書かなかった話も多い。でも、デニーさんの人格をそしる人は皆無だった」

戦勝国による統治の実態、地縁や血縁から外れた者の苦悩など、沖縄社会の複雑さにも紙幅を割いた。

「ミックスへの偏見は今もある。でも、デニーさんを知事に選ぶ不思議な多面性があるのも、また沖縄なんです」

「内地」出身で、十数年前から東京と那覇の2拠点生活を続ける藤井さん。沖縄に関する取材で壁を感じることもあるが「外の人間だからこそ、誰も書かなかったデニーさんの話の価値に気付けたかもしれません。

11月21日　ゆし豆腐と鯖の水煮

昨夜買い込んだ、ゆし豆腐に鯖の水煮（缶詰）や野菜などをぶっこんで朝昼飯にする。たまっている仕事にさっそくとりかかる。その合間に洗濯やバルコニーの掃除など。今日は外出しないと決めた。

11月22日　今日も「米仙」で千ベロ寿司

昼前に起き出して島豆腐を食べる。『ひとびとの精神史 万博と沖縄返還 1970年前後』（二〇一五）のいくつかの章を読んだあと、仕事にとりかかる。昼過ぎに深谷慎平さんに家に来てもらって、オーディオのトラブルをチェックしてもらう。音響のプロだから、心強い。簡単に言うと、あるノイズが気になり、何が原因なのかを「耳」でさぐってもらう。不具合の原因の目星はついた。深谷さん、感謝。

それから仕事の続きをして、夕刻にジュンク堂書店をチェックして、深谷慎平さんと上原岳文さん、途中から普久原朝充さんと久々の「米仙」で合流。安定のセンベロ激安激旨寿司。そのあと栄町に移動して臨時営業中の「おとん」でスーチカーをいただく。

11月23日　沖縄で日本そば

昼前に起きて今日も島豆腐一丁と島野菜を食べる。仕事をしていると、もう夕刻だ。「沖縄タイムス」記者の阿部岳さんと会うためにタイムス本社へ。小一時間話した。久茂川沿いの立ち食いそば屋の永當蕎麦（久茂地店）でカレーライスとかき揚げそばを食べる。那覇にも日本そば屋が増えてきた気がする。帰宅してからも仕事の続き。

11月24日　臨床心理士の東《とう》畑《はた》開《かい》人《と》さんを描く

いつものように昼前に起きて、冷蔵庫にあった具材で沖縄そばもどきを自炊。ほうれん草を大量に茹で、マヨネーズや味噌を和えたものにつけて食べる。

ぼくは月イチで「中日新聞」夕刊の文化面に書評を連載していて、今月は臨床心理士の東畑開人さんの新刊『聞く技術 聞いてもらう技術』（二〇二二）を取り上げた。畑違いだが、ぼくも「聞く」仕事をしているのでたいへんためになった。じつは東畑さんのことは、「AERA」二〇二一年三月二一日号の「現代の肖像」で書かせていただいて以来、懇意にさせていただいている。当時に書いた文章に若干の加筆をして掲載したい（肩書きや年齢は掲載当時のまま）。

初めて東畑開人（三八）に沖縄県那覇市で会ったとき、刊行されたばかりの東畑の著書『居るのはつらいよ―ケアとセラピーについての覚書』（二〇一九）を差し出すと「書くのはつらいよ」と、サインにひとこと添えてくれた。粋だなあと感心したが、書くのはつらいという割には、『美と深層心理学』（二〇一二）、『日本のありふれた心理療法―ローカルな日常

臨床のための心理学と医療人類学』（二〇一七）という心理学の専門書、沖縄のユタ等による民間療法を取材した『野の医者は笑う』（二〇一五）というノンフィクションもすでに上梓しており、旺盛な執筆量を誇っていた。海外の専門書の翻訳書もある。一九八三年生まれの若き臨床心理学者は、ソフトでライトな印象を与える風貌ながら、仕事へのエネルギーが横溢していた。

じつは『居るのはつらいよ』は、他者の心を癒す専門家たる東畑の「心」を削った記録でもある。舞台は沖縄県の片田舎の精神科デイケア施設。ここで大学院を出たばかりの東畑は四年半働くのだが、このままここで働くことになれてしまっていいのかと悩む。その自問自答や葛藤の日々をときにコミカルに、やさしい言葉で綴ったものだが、二〇二〇年、第一九回大佛次郎論壇賞、紀伊國屋じんぶん大賞を受賞した。

担当編集者の医学書院の白石正明（六三）はおもしろいことを言った。

「すでに『野の医者は笑う』が話題になっていて、すごい筆力の方だなと思っていましたが、なんとなく気にいらなかったんです。沖縄で、いろいろな呪術者に会ったり、疑っても、けっきょく心理学の専門知識で、一見怪しく見える治療現象を分析処理されたような感じがありました。デイケアは雰囲気もいいし、治療的にも効果的だけど、書いて面白いものじゃないんですよね。だけど東畑さんなら、デイケアで経験したベタな感情を、メタ的知性と細部にこだわる筆力で書けるんじゃないかって思ったんです」

第一志望校の受験に失敗——人生が続くこと想像できず

大佛次郎論壇賞を取ったとき、東畑は選者の一人に、「デイケアの人々が醸しだす空気の中にただ〝居る〟ことの意義を考察し、デイケアと関係がない人々にもその意味を考えさせる。〝居る〟ことと〝心〟との関係性を社会の中で考え、確認していく希有な著作だ」というように評されたという。東畑はこう付け加える。

「自立が当たり前といわれている社会で、本当は人は依存しながら生きている。言葉でいうと簡単だけど、依存とは気持ちがいいものではなくて、きたないこともあるし、つらいこともある。だけど、とても人間関係において大事なことでもある。その大事で、つらい〝依存〟の価値を見つける本です」

東京で生まれ育ったが、中学からは神奈川県鎌倉市にある栄光学園というイエズス会（カトリックの修道会）が母体となった中高一貫（男子校）の進学校に進んだ。東畑にここで「宗教」という存在に触れたことがのちの思考に総体的に影響を与えることになる。

エリートコースを歩ませたのは、大学で土木工学を教えていた父親、大学で美学を専攻していた母親の希望もあった。文化資本に恵まれていた家庭だったといえる。高校時代は公立図書館で一般的な週刊誌を読みふけったり、ヤクザネタやアイドルのグラビアがごっちゃになったような実話系と呼ばれる雑誌を耽読する一面もある少年だった。

進学した栄光学園は、第一志望校ではなかった。第一志望校の受験に失敗し落胆の最中にあるとき、オウム真理教による同時テロ事件が発生した。小学校六年生も終わりに近づいていた。この世紀の大事件が東畑を縛りつけた。

「超絶勉強してきたのに中学受験に落ちたから、大真面目にハルマゲドンに負けたみたいな気持ちでいたんです。栄光学園には救済された気分でいたけれど、その後もぼくの人生が続いていくということが全く想像できずに、春休みの間、オウム事件のニュースを見ては、オウム用語なんかを口にするようになって、おかしくなっていたんですね」

そして、決定打はある授業中に起きた。

「高校二年の倫理の授業で、修道士のブラザー（先生）がユングやフロイトの話をしたんです。すごく勢いがある授業だった。あとから知ったのですが、彼はこの後、修道院を逃げ出して愛する女性と一緒になったんです。好きになってしまった相手と信仰を天秤にかけなければならなかった彼は、『自分の中に自分が思っている以外の自分がいる』みたいなことを、痛感していたと思うんです」

基本的に修道士は恋愛や結婚を認められず、神への信仰のみに従って生きることを求められる。三〇代の日本人男性の教師だった。当時からオルタナティブに興味があった東畑は、この教師の話に心をつかまれた。

「進学校でいうところの〝正しい生き方〟みたいなもの、つまりいい大学に行って大企業に就職することが人間にとって幸せなのだろうか、と。そういう別の声みたいなものがずっとあったんです。だから、ブラザーの話が心理学に興味を持つきっかけになった」

実家の本棚には心理学者の権威、河合隼雄の本が何冊もあった。心理学の世界では一時代を築いた人物、学ぶなら彼の所属する京都大学へ入ろうと猛勉強の末、合格する。

大学・大学院の同級生で、現在、帝塚山大学准教授（当時）の森田健一（三八）は、院生時代に金髪にしていた東畑の写真をスマホで取り出して見せ、思い出をうれしそうに語った。

「京大の先生や先輩から『人格変えろ』と怒られるぐらい、主流的なものには異議を口にするやつでした。思えば、どこにいても彼は居るのがつらいようなところがありましたね」

京都大学で心理学を学び、同大学院を出て博士号を得た東畑は、エリート街道を進んでもおかしくなかった。しかし、現実は職探しに悪戦苦闘。ネットで探してヒットした高給をうたった沖縄の精神科デイケア施設にカウンセラー職を得る。

カウンセラーとして沖縄へ――休日は御獄《うたき》を探し回る

精神科デイケアとは、精神科での日帰りリハビリテーションのこと。統合失調症や鬱病、パーソナリティ障害等の精神的な疾患や先天的なコミュニケーション障害が理由で、労働等の社会活動に困難を感じている人が規則正しく施設に通い、決められたプログラム――バレーボールなどのスポーツや炊事、塗り絵やコーラス等――をこなしながら、人間関係の調整等をリハビリして、社会復帰を目指す。男女数人の看護師や医療事務職らが常駐していて、炊事や事務作業、寛解途中の患者たちのケアをする。

意気込んで沖縄に家族と移り住んだ東畑は、ワゴン車を運転して患者らの送り迎えをし、バレーボールや卓球に参加する日々をこなし始めた。

また昔から「異界」的なものに惹かれていた東畑は、自ら休日になると外に出かけ、鬱蒼とした森林から街中まで存在する御獄《うたき》や拝所《はいしょ》を探し回った。御獄とは琉球神道の祭祀をおこなうための聖地のこと。山間部の観光地化されたところから、庭先にしつらえられたようなものまで形態は無数にある。御神体のようなものはなく、自然の中にある岩や、小さな石でつくられた祠が街中いたるところに存在し、市井の祈りの場所として機能している。アニミズム（自然崇拝）がとりわけ強い沖縄ならではの経験だった。

「沖縄で職を得たのはたまたまなんですが、現代社会で周縁に追いやられた時空をフィールドワークしたいという欲望が前からものすごく強くて、いろんな宗教団体に話を聞きに行ってみたり。新興宗教には興味がありました」

それが『野の医者は笑う』に結実するのだが、心理学では説明のつかない人間の心の奥深い、摑もうとしても指の間からすり抜けてしまうような「心」の在りようを、東畑は過剰ともいえる好奇心のおもむくままに探し回った。

学派の違いで分裂したり、先達の研究を金科玉条のごとく扱ったりする同業者の態度にはどこか辟易していた。

こう書くと忙しそうな日々のようだが、実際には真逆で、「空白」の時間が連続していくだけの場で日々を半ば無為に過ごしていた。週に二回デイケアを担当し、あとは外来でカウンセリングを担当するのが東畑の勤務条件だったが、実際には逆でデイケアの合間にカウンセリングをおこなうのが常だった。

毎日、デイケアに出て患者やスタッフとプログラムに参加し、一緒に「自由時間」をつぶした。すなわち、デイケアの空間に「居る」ことだけが、東畑の仕事だった。

もちろん患者と雑談することもあるが、それらは治療的なセラピーではなかった。自分の机にぼんやりと座っていることが日常で、とくにやることもなく、「自分の机の木目を数えてました」。セラピーの臨床を重ねることで、心理士として自らを磨こうと胸踊らせて沖縄に来た東畑は、だまされたような気持ちに陥ってしまう。

「デイケアの仕事をこなして、スタッフと安居酒屋で飲んでいても、早朝に起きて論文を書いていたのは、臨床心理学者としてこのままじゃいけないという思いからでした。俺の人生どうなってちゃったんだろうって、じつは苦しかった」

たまに気分を乱す患者を看護師といっしょになだめたり、患者とたわいのない会話をしたりするのだが、時間が止まったような、前へも後ろへもいかないような、退屈で弛緩した時空に、ただ「居る」こと自体がつらくなり、耐えられなくなる。患者もスタッフも、そして臨床心理士である自分も、ただ「居る」日常を淡々とこなしていくことにいったい何の意味があるのか。それが自分の役割なのか。臨床心理学に没頭してきた若き博士は煩悶し続ける。

雑用をやってあげることが心のケアになると気がつく

「居る」のがつらかったのは東畑だけでなく、デイケアの患者やスタッフも同じだった。だからか、東畑のいたデイケア施設は人が流動的だった。

東畑がこのデイケア施設を辞める前に、すでに別のデイケア施設に転職したかつての同僚（四一）は、こう笑った。

「一流の大学出て、こんな沖縄の田舎のクリニックに来るなんて、なんかワケがありなんかねえ？と話していたんですよ。アタマはすごく良かったけど、トンちゃんは社会人としては、まだ、おこちゃまって印象だったかな」

東畑の「東」をとって〝トンちゃん〟という呼び名をつけられて迎え入れられたはいいが、

いつも手持ち無沙汰で、喫煙室にこもっている印象だったと言う。けれども、酒の席でも東畑から悩みを聞いた記憶はない。

「患者さんのためを思ってがんばっているぼくらも、〝居る〟のはつらい。それは永遠のテーマなんですけど、それが当り前になってしまっていて。トンちゃんだからこそ、ああいう見方ができたのだと思います」

このクリニックでの四年半で経験した、「ただ居る」ことのつらさの本質をわかりやすい言葉と文体に置き換えたのが、冒頭の『居るのはつらいよ』だ。編集者の白石の期待に応えるかのように、東畑は精神科デイケアの本質を発見し、現代人の心の在りようと重ね合わせた。

「ただ一緒の空間に居るだけとか、炊事や後片づけなど、専門性の低いエッセンシャルワークをスタッフはするわけですが、それがあって患者さんの心のケアになっていることを沖縄に行って気づいたんです。ただ、社会的な評価が低いのは問題ですね」

それまでは、心の深い部分を臨床心理士が専門知識を使って扱っていくことがセラピーだと思っていたが、依存労働というケアが土台にあってのセラピーだということに気がついた。たとえば、雨の日にクルマで送ってもらったとき、濡れなくて助かるということ以上に、心が助かっている。そんなイメージだ。

「心のケアというと心の声をちゃんと聞くことみたいなイメージがあるじゃないですか。そうじゃなくて、雑用が心のケアそのものだった。雑用をやってあげることがすでに心のケアになっていることに気づきました」

さて、時代はポスト・コロナだ。社会はステイホーム、リモートワークが推奨される。家に「居る」を強い、人との接触を避けろという。人との接触を奪われたため、「無意識にケアし合っていた関係がなくなったことに、多くの人は気づいていない」と東畑は言う。

「家庭内暴力が増えたり、失業が普通のことになってしまったり、（夫の家庭内暴力が原因等で）女性の自殺や離婚とかが増えたでしょう。急激な日常の変容に、一人ひとりが心の在り方をどうしていいかわからなくて、自己が混乱しちゃう。職場や学校、仕事終わりの飲み会など多種多様な集まりで、人に接すること、つまり無意識に他者に〝依存〟することによって〝居る〟ことのつらさをごまかしてきたけれど、コロナが多くを剝奪していったんです。マインドフルネスとか座禅とか巷では言ってますけど、自分一人で自分の問題をコントロールしようというのは限界があると思うんです」

今に合った心理学をつくりたい——心の治り方も多様になる

この二〇年間、臨床心理士の中でもある「考え方」に変化があったと東畑はみている。それは「自己実現」という自分らしい生き方を模索するための支援の価値が下がり、多くのストレス要因の中で生き延びること、つまり「ザバイブ」の方に重心が移っていたということだ。

「世の中が新自由主義的になり、貧富の差が広がり、人々は自己責任とか自立、生産、効率を求められ、心を病んでいくリスクが増えていった結果だと思います」

かつて臨床心理士試験の面接担当者から嫌みとも皮肉とも受け取れる言葉を投げかけられたことがある。——あなたみたいなエリートで、臨床心理士になれると思っているの？　弱い人の気持ちがわかるの？——。人一倍負けん気の強い東畑にもそうとうに刺さったはずだ。

沖縄のデイケアでの経験をわかりやすい、かつ新しい言葉へと昇華させることができたのは、従来の負けん気もさることながら、こんなところで自分はくすぶっているような人間じゃないはずだというエリート意識的自意識と葛藤しながら、どこかそれ自体をおもしろがる東畑の気質に源泉があるような気がする。日常を淡々と過ごすデイケアのスタッフや患者たちとの関係性の中に、人間のケアの本質を独自の感受性で感じ取ったのではないか。

ふいに東畑は「河合（隼雄）先生を乗り越えたいんですよ」と言った。大言壮語とも取られかねないような言葉だ。が、本人はふざけてはいない。

「河合先生が輝いていた時代背景を考証した上で、現代でも使えるものは継承して、今に合わせた心理学をつくっていきたいんです。個人の物語に深く寄り添うのが臨床心理士の仕事ですが、時代が違えば、ぼくらが見据えなければいけない〝心〟のかたちも変化していく。〝心が治る〟といっても多様な在り方が増えてくるわけでしょう」

東畑は、師と仰いだ河合隼雄の掌での上でもがいている自分を冷めた目で見ているのもしれない。しかし、人並みはずれた鋭敏な感受性と見識、そして臨床経験を重ねるごとに、その手応えを感じているのだろう。

そして、「オウム」のことも脳裏から離れない。超エリートと言われた若者たちが、破壊や殺戮を是とする共同体や教義に堕ちていく理由を東畑はずっと、少年期から考え続けている。いつか、自分が生きてきた時代の軌跡と「オウム」を、重ね合わせて書いてみたい。

大学の仕事や本の執筆、メディアの露出もこなしながら、自前でカウンセンリングルームを同業の後輩たちと開設した。人々の心を、時代とどうとひも付けしたらいいのか、日々、アタマをフル回転させる。

「カウンセリングを続けていくと、人の心に触ったなと感じるときがたまにだけどあるん

です」と東畑は、照れてはにかんだ。

この記事が世に出てからしばらくして、東畑さんは職を得ていた十文字学園女子大学を辞め、都内某所に開設したカウンセリングルームを中心に活動を展開するようになった。もともと「組織」にそぐわない性格と同時に、臨床という時間と経験を蓄積したいという強い気持ちは取材中に何度もぼくは感じていた。

夕刻になり、散歩に出かけながら、開店したばかりのセンベロ寿司「米仙」のカウンターで一人晩飯を喰う。と、お隣に知り合いの知念忠彦さんご夫妻が座られた。ちょっとびっくりしたのは、この三年ほどぼくの胃袋を満たしてきた「米仙」の大将の於本英樹さんがここを辞め、東京で働くことになったと本人から知らされたことだ。

11月25日　二拠点生活の意味を考えてみる

冷蔵庫にある島野菜やらソーセージを使って、またもなんちゃって沖縄そばを自炊。夕刻まで仕事をして、むつみ橋のスタバへ京都新聞の日比野敏陽論説委員から拙作『誰も書かなかった玉城デニーの青春』について取材を受ける。同じ年の気さくな感じの方だった。時間があるというので、牧志近辺をご案内。行きたいところがあるみたいで、そのうちの一つ「ガーブドミンゴ」にまずご案内。日比野さんは陶器を一つ購入されていた。そのあと隣のビルの二階の「ブンコノブンコ」でコーヒーをいただく。そこで彼とは別れて、ぼくは引きこもりの若者文援などをする「ｋｕｋｕｌｕ」へ寄って、代表の金城隆一さんと会って、さることでいろいろと相談に乗ってもらう。

腹が減ったので「米仙」へ、ちょうど事務所にいた上原岳文さんもいっしょに出向いた。飲み食いしていると、「ｋｕｋｕｌｕ」の今木ともこさんと、沖縄大学教員の宮城能彦さんが合流。宮城能彦さんとは一〇年ぶりぐらいか。当時、彼は漫画家の小林よしのりさんの作品に案内人役として準主役級で登場して、沖縄の左派系の一部の人々から猛バッシングをくらっていた。一方で、小林さんの講演会にも二千人近い聴衆が訪れるなど、ちょっとした緊張感が沖縄の一部ではみなぎっていた。宮城さんは以前、いっしょに焼き鳥を喰いにいったことまで覚えていてくれた。ぼくはいろいろな主義主張や立場に関係なく、自分がおもしろそうだと思った人に会って腹を割って話をすることが、「沖縄」の地肌に触れることにつながる方法ではないかという思いがいまも変わらない。二拠点生活は、沖縄から「内地＝日本」を見ることもできるが、沖縄の複雑な内側ものぞくこともできる。

11月26日　美学者・伊藤亜紗さんを描く

取材で一時とはいえ深くお付き合いをさせていただいた方とは一期一会ではなく、なるべくその後もかたちを変えながら関係性を保っていきたいと思っている。それがぼくの「流儀」などというと大げさすぎるが、その後もその方々の行方や方向が気になるからだ。人物ルポでは何かを表現している方に会うことが多いから、「取材後」のその方々の表現はなるべくチェックするようにして、かつ刺激を受けている。

二〇〇六年から〇七年頃にいろいろなタイミングでお会いするうちに取材をさせてもらいたいという気持ちになり、先日、密着取材させてもらった俳優の宇梶剛士さん。アイヌ民族――

宇梶さんのルーツでもある——をテーマにした『永遠ノ矢トワノアイ』という舞台（映画版の上映会）のアフタートークのゲストで招いてもらって、久々にお話をさせてもらった（宇梶さんの人物ルポは拙著『「壁」を越えていく力』二〇一三、に所収）。

取材時は取材費に大きな制限がなく、宇梶さんも参加していた女優の渡辺えりさんの主宰する舞台ツアーについて回り、東北地方を旅した（渡辺さんの御実家にもおじゃました）。富士山麓に旅したこともある。旅をしつつ。酒を酌み交わしながら取材を重ねた。酒ばかり飲んでいた気がするが、濃密な思い出深い時間だった。

東京工業大学教授で美学者の伊藤亜紗さんも密着取材をして書かせていただいたことがあり、彼女の新刊が出ればチェックするようにしている。二〇二一年に出した『きみの体は何者か——なぜ思い通りにならないのか？』という一〇代向けに書いた本は、新聞書評で取り上げもした。今回は、新刊『ぼけと利他』（村瀬孝生さんとの往復書簡、二〇二二年）を東京から持ってきたので読み出した。村瀬さんは老人ホームの職員。思い通りにならないいろいろな想定外を「老人性アメイジング」と村瀬さんは呼んでいるそうだ。

ままならない、思い通りにならない身体とどう向き合っていくかが伊藤さんのテーマだが、ぼくが四年近く前に小脳出血を発症したとき、片麻痺のリハビリ中に彼女の一連の著作『どもる体』（二〇一八）、『記憶する体』（二〇一九）、『目の見えない人は世界をどう見ているのか』（二〇一五）、『手の倫理』（二〇二〇）などに出合い、取材をしてみたいという気持ちになった。そのことは文中にも記してある。若干の加筆をして、「ＡＥＲＡ」の記事をここに再録したい（登場人物の年齢は当時）。

全盲の男性がハンバーグとポテトサラダを調理している。真っ黒なゴーグルのようなサングラスをかけている。刻み方やこね方に無駄がない。付け合わせの野菜は手動で回転させて水切り器で水を切る。慣れた手つきで洗い物も並行しておこない、所定の位置に調理器具を収納する。午後の早い時間だったが、部屋の照明はつけていなかった。男性は「あ、（照明を）つけましょうね。いつもこのままだから」と微笑んで照明のスイッチを押した。

「塩の分量は音で判断しているんですか」

伊藤亜紗（四二・当時）が男性に聞いた。

「計量スプーンに入れてゆすってますね」

そう答える男性を伊藤がスマホで撮影しながらじっと手元を観察している。ハンバーグをこねる男性に再び質問。

「玉葱を半分に切ってから皮を剝くんですね？」

「その方がうまく剝ける気がしてね」

「これだけ（部屋に入る人数が）いると視線は感じますか？」

「これだけいると感じますね」

場に笑いが起きた。私も入れて五～六人がそのダイニングキッチンにいた。立錐の余地もないと書くと大げさだが、全員がシンクのところに寄って、男性の所作を飾って息を殺して観察していた。

いつもどう質問するのかを伊藤に聞くと、こう答えた。

「視覚障がい者だったら、今どういうふうに見えていますか？　とか、わりと何回も聞かれているだろうなということを最初に質問していきます。聞いていると、私にはちょっとひっかかる言葉とかも出てくるんです。それも自分の体をどう動かしているのかと同じで、本人が無意識に使っている言葉だと思うんですけど、どうしてこの言葉を使うんだろうという疑問が出てくるんです。そうしたら、それについてまた質問を重ねていく。たとえば、手を切断して幻肢（失った四肢で存在するような錯覚）の手を感じている人が、〝今日は手が腫れたがっている〟みたいな言い方をする。〝腫れたがっている〟という言い方は、その人が幻肢と対話するみたいなモードに入っているのかなと思うんです」

美学者としての訓練が相手の言葉を聞き逃さない

伊藤の肩書は美学者だが、肩書と彼女の仕事を結びつけることは一筋縄ではいかない。広辞苑によれば「美学」とは「自然・芸術における美の本質や構造を解明する学問」で、専門研究者や、この領域にかなり通じた「玄人」でないと理解できないような難解な哲学用語を駆使する学問だ。

伊藤は博士論文を下敷きにした『ヴァレリー　芸術と身体の哲学』（二〇一一）という本こそ著しているが、この数年の話題作は、視覚障がいを扱った『目の見えない人は世界をどう見ているのか』、吃音を持つ人にインタビューをした『どもる体』、さまざまな障がいとの独自の向き合い方や付き合い方を聞き取った『記憶する体』など、身心に何かしらの障がいがある人々の「固有性」について徹底的にその詳細を聞き取り、観察し、記述する作品が多い。

「人間の体」の不思議さと、それを抱えている人々の悲喜こもごも、生きるための工夫や実践や実験を独自の表現で社会に伝えていく。その語彙の豊富さもさることながら、注意力や観察眼の奥深さに驚かされる。

美学者として哲学などを学び、「言葉にしにくいものを言語で解明していく、いわく言いがたいもの、感じられているのに言葉にできない、わかっているけれど、言葉にできないものを言葉にしたくなる」訓練をしたことで、「手が腫れたがっている」というような、当事者も無意識に使う言葉を聞き逃さない術を身につけた。

最近では、物理を研究し、心と命の探求を試みる江本伸悟、究極の身体ケアが必要とされるALS（筋萎縮性側索硬化症）の母親との日々を記録した川口有美子、探検家の角幡唯介、数学をテーマにした「独立研究者」の森田真生、一見すると他領域の論者とも積極的に公開で言葉を交わし、自分の「研究」の発展性や可能性、社会への溶け込み方をさぐっている。

伊藤自身に軽い吃音があることが、ままならない体へ興味を持つ一つのきっかけとなった。普段の会話や授業などで大きな問題にならない「隠れ吃音」ではあるものの、自分の中で吃音をやりくりしている感じがあるという。

伊藤の言い方を借りれば、「体が先に行ってしまっている」人たち、つまり、心ではこうありたいと願っても、体がコントロールできず、ままならない状態にある人たちは、障がいを抱えた体とともに無数の工夫を重ねながら、かつそれをアップデートしながら生きている。それは、自分の体を少しでも居心地のいいものにするために、唯一無二の代替できない体に「進化」していくこと、思い通りにならない体に対して悲観と肯定をおりかさねていくという言い方もできるだろう。体と付き合っていく、体と「ともに」生きていく時間の堆積がその人の身体的アンデンティティーをつくると思うんです、と伊藤は言う。

「先に、目が見えないとか、耳が聞こえないとか、どもるっていうのがあって、そこから生きることが始まる。体の状態に感情を持ちすぎてしまうと――感情ってすでに判断を含んでいますよね――思考停止になってしまいがちで、新しい世界が見えなくなる可能性があると思うんです。自分の認識が先にあって、そこに体を当てはめているというのではなくて、体がすごい先に行ってしまっている状況のほうに、結果的にすごい豊かさのようなものを発見すると、宝石を見つけたという気持ちになります」

昆虫図鑑好きの小学生――将来の夢は生物学者

私が伊藤の『記憶する体』を知ったのは、脳卒中（小脳出血）を患い、幸い一週間ほどの入院で退院できたものの、かるい右半身麻痺や発語のたどたどしさ（運動障害性構音障害）といった後遺症をねじ伏せようと四苦八苦している日常を送っている最中だった。もとの体に戻そうと焦っていた。一〇〇パーセントは戻らないことはアタマでは理解しながらも、気ばかりが前のめりになり、さまざまなリハビリを独自でおこなっていた。しかし『記憶する体』を読んだ私は、本に登場する人々がままならない体と固有の向き合い方を模索し続けていることを知り、少し心が緩んだ。ある書店でひらかれた伊藤のトークライブを聴きに会場の片隅に座った。

同書は――全盲でありながらメモをとる女性、点字を読みながら数字や文字の色を思い浮かべる男性、事故で失った左足を義足にして踊るプロダンサーの男性の感性、全盲の女性が感じる「目が見える人が書いた文章」に対する違和感、骨肉腫で右腕をすべて切断したが義手をつけることによって幻肢の記憶が失われるかもしれないと考える独自性、記事中に出てくるが、バイク事故で左腕の神経が損傷したことによる幻視痛について分析し続けてきた男性の執念等――個々の障がいとの「付き合い方」を聞き取り、わかりやすく綴っていた。

やわらかく、体温を感じさせる伊藤の文体はスッと頭に入ってきた。どこか文学的表現――決して難解ではない――を用いながら、かつ客観的で細やかな、相手の所作への観察眼と描写は心地よくさえあった。相手の発する言葉を独自の比喩と解釈で読む者に届ける。

ライターの武田砂鉄（三九・当時）は、伊藤の『記憶する体』がとりわけ好きで、ほとんどの著書を読んでおり影響を受けたという。

「人間の体というのはローカルルールを持っていて、それが他の人から見たら不合理な内容だったとしても、その人にとっては合理的で、私たちが、今日は体調いい感じ、とか、ちょっとダルいんだよね、という曖昧な感じを持つときも、実はとても大切で複雑なもので、そこに着目すると世の中の見え方も変わってくるな、と伊藤さんの一連の著作を読んで思ったんです」

伊藤は一九七九年、東京都八王子市に生まれた。広告代理店勤務の父も、在宅の仕事をしていた母も美術好きで、美術全集の類いも書棚に揃っていた。野山を駆け回り、わざと知らない獣道のようなところを行き、見覚えがある場所に出ると心がざわめいた。読書好きの子どもではなく、昆虫図鑑の類いばかりを読み、将来は生物学者になろうと思っていた。「実験」と称していたずらを思いつき、友達を巻き込んでいた。現在は夫と子どもがいるが、夫も美学者ゆえ、夫から仕事を評価されるとうれしい。

吃音が原因で小学校の頃、同級生から軽くいじめられたり、真似されることはあった。しかし陰湿なものではなく、イヤな気持ちになることはあっても、吃音がスティグマになるような否定感を持つことはなかった。

中学時代に、本川達雄の『ゾウの時間 ネズミの時間—サイズの生物学』（一九九二）を読んで、動物ごとに異なった時間感覚があることに感動し、生物学者になるという思いを大きくした。

東京大学では思い描いた通り生物学を勉強したが、個々の動物がどのような「時間」を生きているのかという哲学的ともいえる広大な疑問を解くには、大学の理系分野は細分化されすぎていて肌が合わなかった。三年次に文転、文学部で「美学」を専攻する。美学を通じて生物一般から「人間」の身体へと興味が移行していき、同じ人間でも同じ身体は一つとしてなく、それを礎の一つとして、一人ひとりが違う「世界」を構築していることに気づいていく。

吃音の八人に聞き取り——音楽好きが多くて驚く

視覚障がい者と対話形式で美術鑑賞するワークショップに参加したことがきっかけで、視覚障がいは、声の反響で今いる部屋の大きさや人の数などを把握していた。視覚障がい者が視覚を使わない方法で自身を取り巻く世界を認識することを知ることで、さまざまな障がいがある人の、それぞれの世界の認識の仕方や身体の使い方を聞くことにのめりこんでいく。

二〇一八年に出版した『どもる体』では、吃音がある八人にインタビューをおこなった。

「吃音」という自分の体をコントロールできない人たちが、さまざまな固有の工夫をしながら日常を送っていることを聞き取っていく。伊藤にとって驚きの連続だった。

「他の人も私みたいに吃音と付き合っているんだろうって思い込んでいたら、全然違いました。吃音なのに音読が好きって言う人がけっこういたことも信じがたかった」

吃音には、たとえば「たまご」と言おうとして、「たたたたまご」と言ってしまう「連発」や、最初にしゃべろうとした単語が出てこずに言葉につまってしまう「難発」があるが、「連発」や「難発」が同じ意味の言葉に「言い換え」をすることで、吃音になることを避ける。

「言い換えは意識的にすることから、だんだん無意識におこなうようになりますけれど、その区別が当事者でも難しいんです。でも、言い換えをするときって、言い換える言葉の意味や本質をすごく考えることだということにも気づいていくんです」

どんなときにどもるのか。歌ったり、独り言を言ったりしているときにはなぜどもらないのか。言い換えをするときに体にはどんな変化が起きているのか――インタビューを通じて吃音と体の複雑極まりない関係に迫っていく。

『どもる体』を編集した医学書院の白石正明（六四・当時）は次のように語った。

「伊藤さんの『身体論』の特徴は、意のままにならないもの、コントロールできないものとどう付き合うかです。つまり振り回す主体に焦点が当たっているのではなく、振り回される主体に焦点が当たっている。その圧倒的な〝やられ感〟こそが伊藤さんの真骨頂で、その位置取りの新鮮さこそが、他の身体論を一気に追い越しているのではないでしょうか」

『記憶する体』でインタビューされた森一也（四八・当時）は、伊藤を「静かで奥深い観察眼と傾聴力を持っている」と感じたという。

森は一七歳のときにバイクで二人乗りして事故に遭い、その衝撃で左腕の神経叢引き抜き損傷を負った。網状になって脊髄に付着している腕の神経が抜けてしまう損傷で、物理的に左腕はあるが、左腕半分と指が麻痺しており、三〇年にわたって消えることのない痛み、つまり幻肢の痛みと向き合ってきた。

体の固有性について簡単な言葉で考えたい

最近、VR（バーチャルリアリティー）を利用して、自分の麻痺した左腕と、バーチャル空間に現れた健康な手の動きをシンクロさせたところ、そのバーチャルな手を自分のものだと感じることで「両手感」を取り戻し、二四時間苦しめられていた痛みが消えた。伊藤はこれを、「私たちの想像を超えて作用する記憶と体の関係をつなぎ直すこと」と表現した。

森は伊藤のことをこうも話す。

「自分にピタリと当てはまる言葉を持ち合わせていないから、伊藤さんとの会話は、最適な言葉が吸着するかんじでした。〝生きづらさ〟や〝不自由さ〟の中で柔軟に生き、編み出してきた創意工夫に対して、伊藤さんは過度な賛美も憐れみも無い。多くを語りすぎず、ちょうどよい客観性を欠くことがない。読者に理解の種を芽吹かせてくれるんです」

別の日に伊藤が、吃音の女性にインタビューする機会に立ち会った。伊藤は相手の話が逸れていっても止めることはなく、ときたま頷く程度で、相手の言い分を静かに聞いていた。

英語圏やフランス語圏での生活が長かった女性が、「私にとっての吃音は、外国語と日本語を切り替えるときの感覚のズレみたいな感じです」と説明すると、伊藤は「外国語で話をするときって体の中で言葉を探しているもんね」と笑った。

調査する相手の障がいや病の状況に合わせて三〇分から二時間くらい会話をする。

「いつもそこに寝る猫もいれば、日向が好きな猫もいるし、寝るときの丸まり方とか、妙なこだわりがあったりするじゃないですか。そういう理由がないことをいっぱい体はやっている。説明できることもあるけれど、説明できないこともいっぱいあって。理由がないところを私は理解したいし、本人にも理解してほしい」

さまざまな障がい者と関わるが、そこには福祉的な「治す」という視点は伊藤にはない。障がいや病気を歴史的に「医学モデル」で考えると、個人の体が悪いから治しましょうという発想になる。けれども、社会のほうに問題があるから障がいのある人が生きにくいんだという「社会モデル」という発想が徐々に主流となってきている時代でもある。

「たとえば（先人が）吃音の体を社会に受け入れてほしいと闘ってきたおかげで、今いろんな制度が整っていると思うけれど、一方で吃音の人が治せるなら治したいという気持ちとか、言い換えをする努力とか、社会モデル的にはあまり歓迎されない体との向き合い方です。でも、そこにいいも悪いもなくて現実をそうやって生きているのだから、矛盾と言われるかもしれない領域もちゃんと言葉にしていかないと、社会がいくら変わっても、ままならない体だけが取り残されるだけになっちゃう」

体の固有性について語る言葉はじつは少ない。今の伊藤は、その道具を作っているとも言える。インタビューを通して聞いた話を、研究者として違う角度から整理し直し、それをアカデミックに展開したり、道筋を作ったりできたら、と考える。

「簡単な言葉で考えたいんですよね。難しい言葉でややこしいことを言うのはすごい簡単なんですけど、簡単な言葉のほうが難しい言葉で言えないことが言えるっていうところがある」

子どもの頃、『風の谷のナウシカ』が好きだった。研究者のイメージはナウシカだという。不毛の地と化した大地や人類を新しい「価値」をもとに再生させていく。伊藤の営為から現代のナウシカを連想しても、大げさではないと思う。

（「AERA」二〇二二年四月一八日号）

さきに挙げた『ぼけと利他』でも、歳を重ねて「ボケ」というままならさと、自分と社会を考えていく上で大事な指摘に満ちている。ぼくは「言い換え」という言葉が腑に落ちた。小脳出血の後遺症で構音障害を「治す」ためにさまざまな詩を音読するなどしていたが、いまでもときおりうまく発語できそうにないことがある。そのときは瞬発的に「言い換え」をするためにアタマをフル回転させる。もともと滑舌はいいほうではないのだが、「言い換え」という言葉を知ってから、気持ちに変化が起きたのはたしかである。

ここに再録した伊藤亜紗さんの人物ルポは――ぼくは「AERA」の「現代の肖像」をこれまで二〇年ほど数十本を書いてきたが――初めて「私」という一人称を使った。「AERA」の同コーナーの文章を手がけるライターたちはめったに「私」を出さない。「私」という言葉を使わない。それが同コーナーの決まりではないが「決まり事」的なものがあったからだ。しかし、今回は自身の病と切り離せない取材動機だったので、抑制はしたが「私」を出した。

11月27日　一番風呂ならぬ一番千ベロ寿司

夕刻まで仕事をして、国際通りを歩いて、牧志の市場通りへ向かう。国際通りは歩行者天国か何かのようでクルマ進入禁止。自転車も押して歩かないとダメ。それでもそのルールを知らない観光客や外国から来ている人たちが自転車でたまに通り抜ける。

ちょっとやんちゃな雰囲気の兄ちゃんが、近づいていった。勢い出していたので何か怒鳴って注意するのかと思いきや、「ここは自転車だめですよ。おりてくださいね」とやさしく声をかけていた。言われたほうは日本語が通じなかったのだろう、きょとんとしてそのまま自転車に乗って去っていった。

写真家の岡本尚文さんと建築家の普久原朝充さん、森本浩平さんと、またも「米仙」で合流。ぼくはずっと開店時間を間違えており、ほんらいなら一七時三〇時開店なのに、一七時だと思い込んでおり、いつもその一〇分ぐらい前に行って、準備段階の店の片隅で飲ませてもらっていた。今日も一番風呂ならぬ一番寿司だと勝手に喜んでいた。昨日はシャリがまだできていなかった。

でもテーブルに座らせてくれて、ぼくがちびちび酒と刺身をやっていると、どこかの年配の方が「もうあいているのか」とやってきた。「まだ、なんです」「でも、やっとるやないか」とぼくのほうを見て言ったのがわかった。ぼくは背中を向けたまま。「ちょっと特別でして……」「ああ、そうなんか」——そんな会話が背中で聞こえた。関西の人みたいだったが、大将の苦し紛れの言い訳で、そのまま引き下がっていった。ごめんなさい、大将。すべてぼくが悪うございます。

11月28日　ライブハウス「アウトプット」へ出かける

牧志に移転したライブハウス「アウトプット」へ。お相手とカメラマンのジャン松元さんを待っている間、オリジナルしか扱わないアロハシャツの憧れの有名店「PAIKAJI《パイカジ》」で、店内にかかっていた麻の蛸柄の生地に目が釘付けになってしまい、聞けばセミオーダー専用の生地。思わず、少々お高いが長袖シャツをオーダーしてしまった。

取材相手は、「せやろがいおじさん」こと榎森耕助さんと、相方の漫才コンビ「リップサービス」の金城晋也さん。今回もぼくとコンビを組んでもらうジャン松元さんが、何パターンも写真を撮る予定だ。が、飛行機のチケット予約間違いで、榎森さんが大幅に遅刻。その間に相方にインタビュー。そのあと登場した榎森さんの扉写真を撮り、近くのホテルロイヤルオリオン（現・オリオンホテル那覇）ホテルのロビーのカフェスペースに移動して長時間取材した。インタビュー後、一人で「すみれ茶屋」に顔を出して、泡盛と相変わらず美味い玉城丈二さんの料理。常連さんたちとサッカーワールドカップを観ながら、あれやこれやと話すうちに夜は深まっていった。

11月29日　崔洋一さんが亡くなった

昼前に起床。昨夜はよく眠れなかった。長粒米を炊いておいたので、レトルトカレー二種をかけて合盛り。小松菜を二束ボイルしてマヨネーズをかけて喰う。パソコンに向かったがやる気が起きないので岩井圭也さんの『生者のポエトリー』（二〇二二）を読み出した。

映画監督の崔洋一さんが亡くなった。ぼくは拙作『沖縄アンダーグラウンド』の文庫版で二万字ほども加筆し、崔洋一作品の『Aサインデイズ』（一九八九）にも触れた。『友よ、静かに眠れ』（一九八五）は辺野古の歓楽街を使い、ロケ地は双方とも沖縄だった。又吉栄喜さんの小説『豚の報い』も同じタイトルで一九九九年に撮っている。とても沖縄と関係が深かった方なのだ。

が、仕方がないといえばそうなのだが、新聞の訃報記事には『bastard on the border 幻の混民族共和国』という文字はなかった。その映画は拙作『沖縄アンダーグラウンド』でも一章を割いて取り上げた『モトシンカカランヌー』（一九七〇）の布川徹郎さんが監督したドキュメンタリー映画で、建国二〇〇年祭に沸くアメリカにおける少数民族の解放がテーマだ。ついでに書けばインタビューアーは小説家・船戸与一さんこと豊浦志朗さん。船戸さんは豊浦志朗名義で『叛アメリカ史』（一九七七・今はちくま文庫）を書いているけれど、映画と本はワンセットと考えていい。じつは『bastard on the border 幻の混民族共和国』の制作を務めたのが、あまり知られていないが、崔洋一さんなのである。

じつはぼくは崔さんとはちゃんとお話をしたことはなかったが、何回かどこかのテレビ局内でご挨拶はしたことがある。というのは、ぼくは三〇代にTBSラジオ「バトルトークラジオ・アクセス」のパーソナリティを週に一度、六年間務めていた。相方は麻木久仁子さん、山本モナさん、渡辺真理さんと三代変わった。ぼくが番組でしゃべることになったのは、レギュラーだった崔さんがあることで突如、激怒、降板してしまい、しばらく森達也さんらと交代で崔さんが担当していた曜日を回していた。で、最終的になぜかぼくが残ったというわけだ。

夕刻になり空腹を覚えたので一人で散歩がてら「陶・よかりよ」に寄って、リスペクトするキムホノさんの作品を取り置いてもらい、「米仙」のカウンターで一人で飲み食いしていたら、同業の松永多佳倫さんとばったり。たまたまいらした古謝玄太さんにもご挨拶。古謝さんといえば今年の参議院選挙に沖縄選挙区（改選一回）で「保守側」から立候補し、僅差で「オール沖縄」側の元宜野湾市長の伊波洋一さんに負けた。ちょっと立ち話をする。いま、報道によれば那覇副市長の話も出ているとか。

11月30日　考えが違うのかな、と思う人には積極的に会いに行く

昨日の深夜、社会学者の宮台真司さんが勤務先の都立大学内で後頭部を殴られ、首等を何度も斬りつけられるという報が飛び込んできた。四時間の縫合手術をした宮台さんは家族と話せるぐらいで命に別状はないらしい――病院にはりついている神保哲生さんのツイートで知った――が、容疑者はまだ捕まっていない。家族の安全も心配だ。

宮台さんとは九〇年代には公私共に深い親睦があり、結婚式の司会も任された。二〇年以上も宮台さんとコンビで「マル激トーク・オン・デマンド」を続けているビデオジャーナリストの神保哲生さんは撮影係で会場のいちばんうしろにいた。新郎新婦の御両親の挨拶で、新婦の父親が、じつはこの結婚には賛成できないという主旨のことをいきなり話し出して、仰天した。会場の空気が固まった。あれはブラックジョークだったと思いたい。披露宴会場に参加者が移動する間に、冷えたフルコースのフレンチ料理を神保さんと二人きりで食べた。披露宴はこの本を編集してくれた谷川茂さんとぼくが司会をした。

長女の命名の際にも立ち会った。沖縄が大好きでよくいっしょに沖縄の各地を旅したたし、いろんな考えの人たちに会いに出かけた。那覇の拙宅にもよく泊まりに来ていた。奇祭が好きで全国各地に何度も見に行ったりもしていた。仕事の面では何度もトークライブをやっていたし、「朝まで生テレビ」などメディアにもいっしょに出た。共著本も何冊も出した。が、この一〇

年近くは年に数回、メールをやり取りするぐらいの、ゆるやかな、つながりすぎない関係性に変化している。いまは、心配してますと、メールを出すしかできることはない。とにかく治療に専念してほしい。

夕刻になり、司法書士の安里長従さんにお目にかかる。新都心にある彼のオフィスまで歩いている途中、ホームレスとおぼしき男性がハーモニカを吹いていた。尾崎豊の曲だとすぐにわかった。尾崎とぼくは同い年。世に名前を出したのも同時期で、新聞の同じ文化面にいっしょに載ったこともある。その後、ぼくはかろうじて低空飛行をしてきたが、彼は一気にスターダムに上り詰め、そして絶頂期に自死としか思えない奇妙な亡くなり方をした。最近若い世代が尾崎をリスペクトしているとくちにするのをたまに見聞きすると、彼も生きていれば歌い続けていただろうかと思うことがある。

前回、安里さんと志賀信夫さんの共著である『なぜ基地と貧困は沖縄に集中するのか？本土優先、沖縄劣後の構造』（二〇二二）を少し紹介する際に、「沖縄に好意的な本」を書いた研究者や書き手をばっさりきりすてていると書いたら、安里さんから連絡をいただき、一杯やろうという話になった。勉強になる本だし、著者にはいつかどこかでお話をうかがいたいと思っていたので光栄なり。

安里さんと志賀さんの本には「沖縄論の系譜」（一九八〇年代以降）として、本を書影入りで並べ、「穏健な傾向がある本（中道または左派寄り）」という表現をして何冊も取り上げている。その他にも「過激な傾向がある主な本（右派寄り、のちにその傾向が顕著になる著者も含む）」、「沖縄論に違和を示した主な本（植民地主義を批判するものも含む）」の三つのカテゴリーに何十冊という本が腑分けされている。一般的に「沖縄ヘイト本」などは、「過激な傾向がある主な本」に含まれている。

よく見ると、「過激な傾向がある主な本（右派寄り）」、「穏健な傾向がある本（中道または左派寄り）」の両方にかぶってカテゴライズされている知り合いの物書きもいる。ぼくが一時的につくった言葉ではあるが、「沖縄に好意的」な著者や著書――友人や知り合いが多い――は「穏健な傾向がある本（中道または左派寄り）」に括られている。この三つのカテゴリー分けは若干、乱暴さを感じるが、著者の判断なのでそのまま受け止めるしかない。

別ページには、県内県外関係なく「穏健な傾向がある本（中道または左派寄り）」でここ数年でけっこうな話題になり、県内外で高評を得ている知り合いの研究者たちの著作がさまざまな観点からばっさばっさ批判されている。

「ビジネス現代」（二〇二二年一〇月一五日付）に安里さんが、共著者の志賀さんとの対談でこう述べている。

書籍では、沖縄の構造的な問題に向き合わない言説として「沖縄論」の問題性を詳しく取り上げました。一九九〇年代ごろまでは、「沖縄ブーム」と言われるように、「南の楽園」「癒しの島」など、素朴でイノセントな沖縄イメージが広がっていました。

しかし、二〇〇〇年代初頭くらいからは、基地問題の緊張の高まりなどへの反動から、「従来の沖縄イメージを打ち破る」と称する「沖縄論」が広がってきます。沖縄は無垢な存在ではなく、多様で複雑であると描くことによって、結果的に基地や貧困の問題の原因は沖縄にもあるんだと還元する言説です。

それらは善意の場合もありますが、その意図とは関係なく、沖縄の問題は沖縄自体に責任があるという自己責任論を助長・強化する機能を有する場合があります。そしてまた、これらの言説がエンタメ化され、消費の対象となっていくのです。

気さくな方だった。ぼくは安里さんと話しながら、いろんな考え方や視点があるのだなあと考えていたら、三時間近く経っていた。俺は何をしたらいいのだろうか、とも。一つわかったのは、批判の俎上にぼくの『沖縄アンダーグラウンド』が上げられていなかったのは、読み込む時間がなかったから、だったらしい。

さきの対談記事の中で、前回でも取り上げた「ひろゆきによる辺野古座り込み嘲笑事件」について、ABEMA Primeから出演オファーが安里さんに来ており、それを断り、結果的に県外出身の論者がひろゆきさんと対峙することになったことについても触れておられた。

実は、ABEMA Primeの放送の前日、番組関係者から私へ出演依頼がきました。「〝座り込み〟の定義などの些末なことにとらわれない議論をしたい」と番組関係者は言っていましたが、ひろゆき氏がそこにこだわるのは目に見えていましたし、構造的・歴史的な背景を含む本質的な議論が果たしてできるのかという疑念もあり、今回は断りました。

結果として、「沖縄タイムス」記者の阿部岳さん、ライターの宮原ジェフリーさん、お笑い芸人のせやろがいおじさんという、「本土（＝沖縄県外）」出身の三名が出演される形となりました。議論が噛み合わなかったにせよ、今回は、ひろゆき氏という極めて影響力の強い「本土」の人による差別的発言に対して、沖縄の人が矢面に立たず、「本土出身者」が、沖縄の問題ではなく、日本の問題として、それに反論するという場面だったと思います。

2022年12月

12月1日　名古屋へ移動

午前のフライトで名古屋に飛ぶ。搭乗前にゴーヤーチャンプルー弁当をロビーで食べる。

12月18日　那覇に戻る

夕刻に名古屋から沖縄へ。仕事等で数日、名古屋に滞在していた。父親の五〇周忌なので、墓にも久しぶりに参った。那覇の桜坂劇場を経営する映画監督の中江裕司さんの新作『土を喰らう十二カ月』も観た。原作は水上勉さんの『土を喰う日々―わが精進十二ヵ月』。料理監修は土井善晴さん。沢田研二の枯れっぷりはよかったが、原作を知る身としては、料理の美味しさがあまり伝わってこなかったことが残念。それから各料理の作り方ももっと細部を表現してほしかったなあという気持ちが残った。

名古屋滞在中から視聴していた『ペーパー・ハウス・コリア―統一通貨を奪え』(シーズン1・二〇二二)を全話、機内で観終わる。那覇に着いたら、拙宅で荷をとき、牧志のセンベロ

寿司屋「米仙」で普久原朝充さんと深谷慎平さんと合流。近くでジュンク堂書店の森本浩平さんが、沖縄のアート業界の方と飲んでいたので合流。アート業界の方と、件の「おでん東大」のオーナーが殺害された事件の話になった。

容疑者として逮捕された許田盛哉さんは真栄原新町の元「ちょんの間」をリノベーションしてギャラリーを経営していた、沖縄アート業界で知られた人だったからだ。ぼくも取材させてもらったこともあり（ジャン松元さんとの共作『沖縄ひとモノガタリ』に所収）、ぼくは勝手に親しい間柄だと思っていた。同ギャラリーで、町田隼人さんの初期の大型の絵画作品を二点買ったこともある。許田さんは「おでん東大」のオーナーの娘さんと結婚していた。店が沖縄を代表する有名店だったことから、いくつかの媒体から何かを書いてほしいと依頼されたが、まだ詳細もあきらかになっていない段階で、地元新聞報道以上のことはわからないのでお断りした。それでも、取り上げている媒体はあって、ギャラリーの運営費に困っていたとか、財産目的だとか、沖縄には我々には知りえない深くて暗い闇がある、というよくわからないことを書いておられる人もいてがっかりした。

この類の事件——もちろん許されないことだが——は別に沖縄に限らず、日本のどこにでも起きている。沖縄に事件を特化することで、沖縄を切り離す意図のような感じられる。ぼくはある編集者に、「面会にとりあえず行ってきて、何かわかったら書きます」とだけ伝えた。容疑者夫妻は送検され、いまは連日のように検事の取り調べを受けているだろうから、可能かどうかわからないが、とりあえずは近いうちに拘置所に赴いてみるか、手紙を出してみようと思う。

12月19日　今日は栄町で焼き鳥を食す

昼前に起き出して、名古屋でまとめ買いしてきた「矢場とん」のレトルトカレーを食べる。仕事を始めると、疲れがたまっていたのか睡魔に襲われ、夕刻まで眠ってしまった。一九時半に深谷慎平さんがクルマで迎えに来てくれて、彼のオフィスへ。先に上原岳文さんが待っていてくれた。

ジャーナリストの有田芳生さんが旧統一教会かちスラップ訴訟を起こされ、有田さんを支援する会を急遽立ち上げ、名称は「有田芳生さんと共に旧統一教会のスラップ訴訟を闘う会」ぼくは、ジャーナリストの二木啓孝さんと賛同人と事務局を務めることになり、そのリモート会議。会のホームページの作成を深谷さんと上原さんが手伝ってくれているのだ。帰りに深谷さんと上原さんとで栄町の「ちぇ鳥」で飲みながら遅い晩飯。

12月20日　あるドキュメンタリーを観て辟易する

起床してから、韓国のインスタントラーメン「安城湯麵」に野菜やら豚肉やらをぶっこんで食べてから、終日、仕事。夜、たまたまNHKの『プロフェッショナル 仕事の流儀』を観た。ミュージシャンのYOSHIKIを三年半にわたって取材したという。ぼくは同じ年であのストイックさはすごいなと感嘆しつつも、X JAPANのギタリストの死、父親の自殺、母の死に対してはえんえんと哀しみを語るのに、他のメンバーについては語っていないし、番組でも一切触れていない。三年半という取材時間も、YOSHIKIサイドからの連絡が何カ月も途絶えたり、コロナ禍があったりという理由なのだが、ともかくも作り手はそれほどまでにしてインタビューしたかったのだろうからその熱意は感じることができた。

しかし、それほど手間と時間とカネをかけただけの「成果」が得られた番組とは思えなかった。あと、取材対象にしもべのように平伏すような作り手の「距離」と、「ほんとうのYOSHIKIさんを見たいんです」というあまりにも手垢のついたステレオタイプな質問を繰り返し流すことのギャップにもちょっと辟易した。

12月21日 「老害」って何だろう

昼前に起き出して島豆腐を食べる。食後に「中央公論」（二〇二三年一月号）の横田増生さんの「だれが佐野眞一を殺したのか」を読む。記事タイトルは佐野さんの著作『だれが「本」を殺すのか』（二〇〇一）に倣っていることは一目瞭然だが、知った編集者や同業の名前がずいぶん出てきて、複雑な気持ちになる。

誰が佐野さんを「殺した」のか、は記事を読んでそれぞれで考えてほしいのだが、ぼくの脳裏に浮かんだのは「老害」という言葉だ。内館牧子さんの小説『老害の人』（二〇二二）を読んだ直後だったせいもあったのだろうが、最近、いろいろな場面で業界の大御所の「老害」としか思えぬ言動に触れる機会があり、身心を削られていた。下の世代の言うことを聞かず、こうと思い込んだら梃子でも動かず（考えを変えず）、最後はキレて、ちゃぶ台をひっくり返すようにすべてをなかったことにする。自分のやり方に拘泥して、疑問を持たない。そして、陰謀論的な発想になる。と、誰もアドバイスや批判をしてくれなくなる。この言葉だけでは佐野さんの件は説明がつくはずはないが、「老害」という言葉をアタマの片隅に置いておくことは必要だと思った。ぼくもあと三年で還暦。ちと早いかもしれないが、自戒を込めて。

夕刻まで仕事をしてシャワーを浴びて近所へ出かける。安里の「鳳凰餃子」で写真家の岡本尚文さんと普久原朝充さんと合流して、晩飯。

12月22日　不発弾処理で揺れた

昼前に起き出して、島豆腐を食べる。仕事の合間に、森功さんの『国商―最後のフィクサー葛西敬之』（二〇二二）を読み出す。読んでいたら、ぴったり一四時に一瞬、地震かと感じる揺れが部屋を襲った。が、地震とは異なる衝撃。あとで確認したら、那覇港で陸自による不発弾処理。ここまで爆発力がある不発弾がいまでも発見される。沖縄戦でアメリカ軍が使用した爆弾が七発も那覇港の海底から見つかったものらしい。県総合事務局のまとめでは昨年度は四二七件、あわせて一三・三トンの不発弾処理がおこなわれている。

夕刻に仲村清司さんが京都からやってきたので（今回は拙宅ではなく、ホテル泊）、「おとん」の池田哲也さんと久々に「串豚」へ。喜屋武満さんが串に打った絶品のホルモンをいただく。ジュンク堂書店の森本浩平さんと、建築家の普久原朝充さんも合流。そこから浮島通りの台湾料理屋「華」へ流れ、センベロコース。深夜、二時すぎに帰還。

12月23日　沖縄も夜はけっこう寒い

昼前に起き出して素麵を茹でる。納豆、島野菜等、冷蔵庫に入っていたものも食べる。バルコニーの鉢を大胆に剪定。夕刻まで仕事を続け、久茂地の「酒膳 眞榮田」へ。メディア関係者と懇談会。そのあと、栄町「おとん」で仲村清司さんらと合流。ここ数日、夜は寒い。東京と同じ服装をしている。

12月24日　外出しない日

昼まで寝ていた。のそのそと起き出しそばを食べて、バルコニーの掃除と洗濯。仕事にとりかかる。今日は外出しない。

12月25日　豚のしゃぶしゃぶを食す

昼まで寝ていた。冷蔵庫にある野菜やらを調理して素麺の具をつくる。昨日の仕事の続きにとりかかる。夕刻まで仕事を続けて、シャワーを浴びて安里の今帰仁アグーのしゃぶしゃぶを供する「長堂屋」へ。東京からやってきたパートナーと。

12月26日

夕刻までひたすら原稿を書く。散歩がてら「米仙」で晩飯をパートナーと喰いにいく。

12月27日　栄町にあったタイ料理屋、安里の居酒屋、コザの手作りソーセージ

正午発の高速バスに、おもろまち駅前から乗って名護へ。名護市役所で下車して、「さんかく屋」へ一五分ほど歩く。黄泰灝《ファンテホ》さんのつくる料理はお世辞抜きに美味い。聞けば、古宇利島でお守り専門店という一風変わった店を始めるそう。空き家をリノベして始めるそうだが、入り口に黄色く塗った鳥居を建てたせいか、地域で眉をひそめる人もいるらしいので――ヘンな宗教と思われているらしい――そこで『沖縄ひとモノガタリ』（琉球新報社）を区長のところへ持参して、自分のことを説明したいという。この拙著に黄さんのことをぼくが書いているからだ。

黄さんについてはかつて、双葉社のウェブ媒体「タビリスタ」（現在は廃刊）の随時連載でも

取り上げた。その頃は栄町でタイ料理屋を営んでいて、その店について書いた。ついでなので、その随時連載で取り上げた他の店についての回も、すべてではないがここに所収しておきたい。文中に「三バカ」とあるのは、仲村清司さんと普久原朝充さん、そしてぼくの三人のことだ。

まず、タイ料理の「チルアウト」から。

肌に湿気がまとわりつくような日が続くと、タイ料理が食べたくなる。もちろん沖縄はそんな日が多い。栄町の『Ｃｈｉｌｌ《チル》 ｏｕｔ《アウト》』に前日に電話して、魚の姿揚げが食べたいとオーナーシェフの黄泰灝（ファン・テホ）さんに頼んだ。魚はおまかせだ。

栄町の薄暗い道に面した階段をのぼると、そこが『Ｃｈｉｌｌ ｏｕｔ』。カウンターに座り、黄さんと世間話をしながら、何を食べようかを相談する。

たまたまぼくは取材でバンコクに行ってきたばかりだったので、たまたま屋台で食べたイサーン料理（タイの東北地方）がいかに辛かったかを話していると、ハーブ野菜のカップが出てきた。これは箸休めと思われるかもしれないが、供される料理と和えて食べるのだ。どんな料理と混ぜてもいい。金属製のカップにたっぷりとハーブが数種類盛られてくる。

「それが本格的なタイ料理の食べ方なんですが、まだ食べ方を知らない人が多い。うちはまずハーブセットを最初に出して、その中にゴーヤーを混ぜることもあります。それを自由に料理や調味料と混ぜて食べてくださいと言っています」（黄さん）

まずは頼んでおいた「プラーラードプリック」が出てきた。魚の姿揚げ。ナンプラーやレモン、唐がらしなどで味付け、香味野菜などをたっぷりと盛る。この日は沖縄でよく食されるアカマチだった。プラーラードプリックはあらかじめ予約をしておかないと食べられない。値段は時価だが、これは二五〇〇円。魚の大きさと見た目の豪華さ、そして味を考えたらじつにリーズナブルだ。

皮目はパリッとしていて、身はほろほろとほぐれる。タイの調味料とハーブを和えながら食べると、汗が吹き出してくる。三バカが次々と手を伸ばすと、あっと言う間にアカマチは骨だけになった。

次は「ガイヤーン」をオーダーした。タイのローストチキン。黄さんが丸鶏をさばき、タレに二四時間漬け込み、丁寧に焼き上げる。そしてタイの牛ステーキのサラダ（ヤムヌア）。「ヤム」は「あえる」、「ヌア」は牛肉という意味。挽き肉とミントのサラダ（ラープムー）も出てきた。豚もミントも沖縄産を使っている。

彼の作るタイ料理は、どれを食べても、繊細なのだ。オープンキッチンなので、丁寧に食材に仕込みをし、豪快かつ慎重に火を入れているのが、傍目で見ていてもわかる。

黄さんは、名古屋で生まれ育ち、沖縄にはもう一〇年以上住んでいる。沖縄に来て最初は伊江島に住み、タバコの葉の収穫の仕事をしていた。そのうちに当連載#42でも紹介した『ルフュージュ』で働いた縁で、栄町に店を持った。

「名古屋で割烹で働いていたのですが、知り合ったタイ好きの人にタイにつれていってもらって、ハマりました。衝撃でした。辛味、甘味、酸味が主張しながら、同調しているというか、味のコントラストが自分に合っていた。けっきょく、割烹をやめて、タイ料理を名古屋で三年ぐらいやっていました。タイに住みたかったのですが、日本のこともまだ、よく知らないなと思って、一人でぶらぶら旅をしているうちに、沖縄に来たんです。そしたら沖縄が居心地よくてそのままいるというわけです」

栄町はそれまで来たことがなかったそうだ。何度も当連載で書いていることだが、栄町の才気溢れる料理人ネットワークは次々に新しい才能を包摂し、それがまた客を呼ぶ。町全体が一軒の多国籍・多文化レストランのようだ。

「沖縄の食材は、タイ料理に合います。青パパイヤ、空心菜とか、フーロー豆とか。フーロー豆はいんげん豆に似ていて、沖縄の夏野菜です。ゴーヤーはスープに入れたり、ハーブとして（ハーブのカップに入れる）使って、生でヌードルに入れたりします」

　ああ、お腹いっぱい。うまかった。ビールもたらふく飲んだ。黄さんに挨拶をして道路に出ると、一階部分に屋台が出ていた。その名も『ＣＨＩ《チ》ＢＩ《ビ》 ＯＵＴ《アウト》』。今年の二月に新設したのだ。椅子が四席しかなく、つまみはうずら卵をタコ焼き器で目玉焼きにしたものだけという潔さ。じつはぼくは目玉焼きには目がないので、とうぜん陣取った。完全に道路の端っこで飲むスタイル。アーケードのような屋根もない。だから雨の日は無理。知り合いが通り掛かると、挨拶を交わす。仲村さんはいったい何人と挨拶を交わしていたかわからないほどだった。

　我々はビールを飲みながら、うずら目玉焼き八個入りパックを二パックも食べてしまった。大半はぼくが食べたのだが。

　道端で高温多湿の空気をもろに浴びながら飲むビールはおいしい。ただし『ＣＨＩＢＩ ＯＵＴ』が出るのは、二〇時から。飲んでいると、バンコクで食べたイサーン料理の屋台を思い出した。ひいていた汗がまた吹き出してきた。

（「タビリスタ」二〇一八年三月）

次は、ぼくが行きつけにしている那覇市安里にある『すみれ茶屋』について書いた文章。

店主の玉城丈二さんと、よく「クサいけど美味な魚」の話題になる。クサヤ、鯖のへしこ、鮒鮨、鰯のぬか炊き、うるか等、日本にはそういう魚を発酵させた食物がたくさんある。醗酵学の権威・小泉武夫先生の『くさいはうまい』には納豆以外にも魚が出てくる。ぼくは読むだけで唾が口内にたまるほど、そのテのものが好きなのだ。丈二さんもそういったモノに目がないクチなので、「クサい魚の話」を肴にして酒を飲んでいるのである。

あの臭いを思い出すと酒が美味いねえ等と言いながら、丈二さんとぼくはたいがい日本酒か芋焼酎を飲む。丈二さんは地元出身だが、若い時分に九州に渡り大分市と別府市で、約二〇年も和食の職人として腕を磨いた人である。

ぼくは一〇年ほど前にたまたまこの店に足を踏み入れて以来、沖縄の地魚のマース煮をいろいろ食べさせてもらって、沖縄の魚と塩の美味さに刮目させられてきた。グルクンのから揚げ等、沖縄では魚は揚げるものという固定観念を覆された。地魚をさまざまな調理法で供してくれ、かつ沖縄の伝統的調理法でも食材を操る丈二さんはただ者ではないのだ。店の場所はわかりにくいし、入りにくい（引き扉がちょっと具合が悪くて重いだけ）けど、ぜひ行ってみてほしい。

沖縄には独特なにおいが強かったり、獣臭が濃厚な料理が多い。トーフヨウや臭豆腐（さすがにいまでは沖縄では食べられなくなったようだが、かつては辻などの料亭で供されていた）などの発酵食材以外にも、山羊肉の煮込みや刺身、野菜でもヨモギなどを常用する。チーイリチャーや血汁は強烈な臭いはないとぼくは思うけれど、沖縄で敬遠する人も少なくない。ぼくは初めて沖縄にいったときから山羊汁が大好物になって、唇を脂でぬらぬらとさせていたのだが、これも沖縄では好き嫌いがはっきり分かれるらしい。丈二さんは「最近の山羊料理はクサみがたらん」といつも言っていて、彼のお眼鏡に叶う山羊料理を出す店は少なくなっているという。

丈二さんから教わった「沖縄でも好き嫌いが分かれる」魚に「チヌマン」がある。テングハギのことだ。

この魚は沖縄の居酒屋ではほとんど見かけたことがない。丈二さんは市場で見かけると仕入れるようにしていて、なるべく切らさないようにしているそうだ。

刺身、煮つけ、焼きの三種類。ぼくが初めて食べたのはもう数年前だが、結論から言うと、虜になってしまったのである。チヌマンの脂のクサみに。とくに焼くと硬い皮の下（背の身と腹の身では脂のつきかたがぜんぜん違う）にたっぷりとついている脂が焼けて、白身の表面に浮き出て、焦げたようになる。その部分が美味い。もちろん身と硬い皮の間にある脂や、内臓周辺の脂はなんと表現したらいいのか、かすかに獣臭すら感じる、口内でとろりととろける半透明の灰色の脂身なのだが、こっちも旨みがすごい。病みつきになる。

丈二さんの買いつけに同行させてもらった。泊漁港の魚市場「泊いゆまち」のいつもの仲卸の『かねは水産』に一〇時ぐらいに出向くと、今日はチヌマンの水揚げがなかったと言われた。あら、残念。

今年、沖縄は本マグロが豊漁なので、丈二さんは美味そうな赤身を品定めして、買いつけた。とうぜん刺身で食べるのだが、醤油とワサビが飽きてくると、コーレグース（自家製）

を醤油に垂らしてマグロを食べると、これまた別物の美味さに変わる。これも丈二さんから教わった。

丈二さんにお供して、「泊いゆまち」の『かねは水産』へ。この日はたまたまチヌマンの水揚げがなかった。

翌日は数尾あがっていた。ラグビーボールのようなまるまるとしたやつを二尾選び、店でアタマを落としてもらい、内臓もとってもらう。皮はすこぶる硬く、分厚く、職人さんの腕に力が入る。内臓は新聞紙を濡らしたようなかんじで、これが生臭い。

アタマと内臓を取った状態で丈二さんは店に持ち帰り、三枚におろす。出刃包丁の刃に思い切り力をこめ、三枚におろした身をさらに二分割する。チヌマンをさばくのは力業なのだ。チヌマンは決してめずらしい魚ではないが、処理や調理がめんどうくさく、そして独特の脂の臭いのせいか、人気がない。だから市場では買っていくプロはほとんどいないそうだ。が、石垣島や離島では比較的よく食べられるらしい。

まずは刺身から。冬場は脂がのっているから、脂で包丁やまな板がヌルっとするほどだ。しかし、白身の鯛の刺身の旨みをもっと強くしたかんじで、若干の歯ごたえもあり、こりゃあ美味い。どこにもない美味だ。

お次はマース（塩）煮。沖縄の塩だけで半身を煮る。島豆腐とアオサもいっしょに煮る。皿の中で身をほぐすと、煮えた脂身がほどよく汁の塩味と、アオサの磯の味と相まってじつに美味。ああ至福。

そして、いよいよチヌマン焼きである。網焼きにすると厨房から出た煙が店内にもうもうとたちこめる。焼肉の脂の多い腸類などを焼くと炎と煙が立つが、あれと同じだ。それほど脂がたっぷりとついているのである。エアコンを全力でまわし、ドアを開け放っても、なかなか煙は消えてくれない。

煙の臭いもやはり特徴的で、ふつうの青身や白身の魚を焼いてもこんな臭いはしない。やはり焼き肉屋で嗅ぐ、あの臭いに似ているとぼくは思ってしまうのである。これは脂の焼けた臭いに、硬く分厚い皮を焼いて身に火を通すために、皮が焦げる臭いが混じるのだ。

焼きたてをいただく。箸を入れると身はやわらかくほぐれるが、ぼくは硬い皮から身をはずし、皮についた脂をこそげ落として、身といっしょに口に放り込む。白身は淡白だが、ふつうの白身とは違う一癖ある味だ。そして、チヌマンの脂の臭みが口内いっぱいに広がり、すぐに酒に手が伸びる。ぼくはいつも芋焼酎を合わせ、脂を洗い流す。芋焼酎も度数が高く、臭みがあるほうがチヌマンと相性がいい。

何回目かにある友人を連れていったら（彼は沖縄出身の三〇代）、皮を手でもって脂身を吸いつくようにして喰い、なんと皮まで喰い尽くしてしまった。彼の唇や頬はもちろん、手の指はチヌマンの脂でぬらぬらと光っていて（指の爪の中にも脂がはさまっていた）、「おかわりしてもいいですか」と追加をしたのだった。脂の臭いはシャワーを浴びてもなかなか取れなかったそうだ。彼も初チヌマンだったのだが、その独特の臭みと旨みにとりつかれたのだった。

余談になるけれど、丈二さんがあるとき、「藤井さん、インガンダルマって知ってるか？」と、にやにやしながら聞いてきた。なんでも魚の脂が人の消化器官では消化吸収ができないらしく、食べすぎると尻の穴からだらだらしなくぽたぽたと出てくるというのである。しかし、味は美味らしい。ぼくは所望したのだが、めったに手に入らないそうだ。「アブラソコムツ」

「バラムツ」という深海魚だと、店に置いてある沖縄の魚類図鑑を見せながら教えてくれた。

この魚については、じつは仲村清司さんが「お尻が濡れる食えないやつ」と題して、ブログに実食記を書いている（「仲村清司の沖縄移住録」二〇〇五年五月一一日）。

ブログに仲村さんが書くところによれば、インガンダルマは深海魚で、やはりそうそう捕れるものではないらしい。沖縄では大東島周辺ではたまにハエナワにひっかかる。地元の漁師によると「豚みたいなヤナカーギ（ブス）」なのだそうだが、刺身にすると大トロ級のウマサで、焼いても、炒めても、干物にしてもウハウハ的に箸がとまらなくなるらしい。インガンダルマの身の脂が吊すとボタボタ滴り落ちるほど多く、その脂にはワックス成分が多量に含まれている。だから、食べすぎるとワックス成分が知らずに肛門からじわじわと染み出してくるという。丈二さんの話と一致するではないか。

けっきょく仲村さんたちは、全員紙オムツを履いて食したという。干物タイプのもので、二〇センチほどのブロックを全部食い尽くしたのだが、結論からいうと、やはりお漏らしをした。仲村さんは食べたその日のうちに、二人は翌朝グリース状のソレと対面することになったという。念のためいっておくと、五切れ以上食べるとどんな人でも出る、と仲村さんはブログに書き記している。ぼくもいつか食してみたいものなのだが、いつになるやら。仲村さん、今度喰いましょう。ぼくも紙オムツを用意しときますから。


（「タビリスタ」二〇一七年八月）

次は沖縄市のゲート通りにあるソーセージの店「TESIO《テシオ》」についての文章。

沖縄県沖縄市は今でも、アメリカ占領時代の地名であるコザ——アメリカが基地建設を強行したときに生まれた人工的な街——と呼ばれていて、学校名や地名などにも残っている。

嘉手納基地第二ゲートからまっすぐに伸びる道路は「ゲート通り」。もともと米兵向けのバーやライブハウスやクラブ、インド人が経営するテーラーなどが立ち並ぶ幅の広い道路は、沖縄に集中する在日米軍基地を象徴する光景でもあるのだが、同時にコザの名所として有名だ。私もこの通りでたまに飲んだし、もともと嘉手納基地の中で通訳として働いていたインド人のテーラーでスーツを仕立てたこともある。

が、この道路も、いや、コザのいくつかの繁華街や商店街も閑古鳥が鳴いており、閑散としている。その中で引きも切らずに客がソーセージやハムを買いにやって来るのが「TESIO」である。地元だけでなく、那覇からも、まさに手塩をかけた絶品の肉の加工品を求めてリピーターがやってくる。今年六月のオープンで、内装はまだ済んでいないのにもかかわらず、またたくまに人気店に駆け上がった。

私が最初に訪問したとき、三四歳の若きオーナーの嶺井大地さんは、店内にある作業スペースでもくもくと、伊江島のラム酒「サンタマリア」を混ぜ込んだ肉を腸に装填している最中だった。肉は県産の豚。辛味はトウガラシでつけるという。

後日、店で焼いて食べさせていただいたが、ほのかにラムの香りがするスモークソーセージだ。未知の旨みが口いっぱいに広がった。そのときに一緒に焼いてもらったのが、ハーブ&グリルというソーセージ。マジョラムというハーブが粗挽きの豚肉の上品な旨みを醸しだしている。これも味わったことのない逸品だ。

「沖縄は肉の加工品の店が極端に少ないんです。県外に行くとドイツソーセージとか、肉の加工品の専門店は昔からあるのですが、沖縄ではなじみがなかった。ぼくはもともと『モフモナ』という沖縄のカフェの走りのような店で働いていて、将来はお店をしたいという思いがあったんですが、どんな料理を出すかを決めあぐねていて、友人などを頼って二七歳のときに京都に行ったんです。そこに『リンデンバーム』というシャルキトリーの老舗があって、ショーケースにお肉の加工品がずらりと並ぶのを初めて見たんです。それがすごく新鮮でした」

嶺井さんは「リンデンバーム」のオーナーに自分の思いをストレートに伝えた。沖縄から来て、こういう肉の加工品を見てショックを受けました。技術を沖縄に持って帰って店をやりたいのです。それは沖縄にとって意義があると思うのです――すると、「給料は払えないけど、いいよ」と受け入れてもらえた。

「シャルキトリーという言葉も知らなかったし、加工品はウインナーとチョリソぐらいしか知らなかった。直感的に勉強したいと思ったんです。ソーセージやハムは異国情緒に溢れていて、多種多様で、色とりどりでこれは楽しいと思った。それらに出会った瞬間、これだなと自分の中ですっきりと決まった。沖縄は豚肉をよく食べるし、それは沖縄の食文化の誇りだけど、加工することがなかった。世界的に肉が食べられるところというのは、肉の食べ方や調理法、加工方法の新しい情報が入ってきにくいから、沖縄でもイケると思った。

ぼくのような若造がいきなりたずねて行って技術を教えてもらえるなんて、すばらしいご縁をいただいたと思っています。沖縄での貯金を取り崩しながらシェアハウスみたいなところにもぐりこんで、一年ぐらい勉強をさせてもらいました。そうしたら、主人がかつて世話になった職人さんが静岡にいるから、そこで働いたらどうかと勧めててくれたんです」

その店は知る人ぞ知る富士市のはずれにある「グロースヴァルトSANO」。嶺井さんはその足ですぐに静岡におもむき、その店の三人目の弟子として働きだした。巨漢の兄弟が営むその店は、ドイツで開かれたハムやソーセージの味を競う世界大会で日本人で初めて優勝した経歴の持ち主だった。そこで四年間、修業を重ねた。

「ぼくはほんとうにラッキーだった。それに尽きます。カフェ出身の人間が田舎から出て行って、一流の人たちから技術を学んで、沖縄に戻ってきてこういう店が出せた。そして、お客さんにたくさん来てもらえる。幸せだなと思います」

ショーケースにはさまざまなソーセージやハムが並ぶ。ヴァイスヴルスト（ノンスモークの脂の多い部位を多く練り込んだふわっとした食感のソーセージ）、あらびきフランク（オールポークのプリっとした食感のスモークソーセージ）、イチジクとナッツのレバーパテ、パウンドグリラー（ミートローフ）、ローストチキン・シトラス（シーソルトで味付けして焼き、レモンの香りを移したオイルでマリネしたもの）、県産和牛のコーンドビーフ（本部牛一〇〇パーセントの贅沢なコンビーフ）、焼豚（豚の肩ロース肉を完熟パイナップルと共に醤油ベースのタレにつけ込んだもの）、熟成鴨の燻製、熟成鴨のコンフィ、モッツァレラヴルスト（ドイツ産のモッツァレラチーズを練り込んだもの）……。

ゼリーよせは二種。アイスバイン（豚の前脚のすね肉の骨皮つきの部位）を骨から外して、肉を香草といっしょにゼリーよせにしたもの。アイスバインと香草のゼリーよせ、と名付けている。もう一種類は、マンゴーをドライにしたものと、鴨の燻製をさいころ状にし、グリーンペッパーといっしょにゼリーよせにしたもの。鴨の燻製とマンゴーのゼリーよせ、という商品名だ。見た目がとにかく宝石のように美しい。

「ヴァイスヴルストは人気があります。豚の前足の部位、お肉屋さんが腕とか肩と呼ぶ部位があるのですが、味わいが強いところです。筋肉とかが入り組んでいるのですが、その構造をぼくたちは理解して切り分け、そこの赤い身の部分と、白い脂の部分をヴァイスヴルスト用に配合して生地をつくるんです。レモンの風味を入れています。ふわっとした食感。皮を剝いて中を食べます。

色が白いのはスモークをかけないからで、ドイツのミュンヘンの名物です。ヴァイスヴルストの由来は、白い腸詰めという意味で、脂も若干多めに混ぜ込むのです。ボイルしても脂が落ちるのであっさり、焼くとパリッとなって脂が凝縮されたかんじになるので、どちらもいい。好き好きで食べていただければ。

そうそう、モッツァレラヴルストは、モッツァレラチーズがはいったソーセージで、加熱してとろけます。ドイツのステペンというモッツァレラチーズなんてす。ハーブアンドグリルはマジョラムという甘い香りのするハーブを加えています。本部牛のコーンドビーフ。赤肉にとうもろこしみたいな岩塩をすり込むのをコーンドと言います。塩漬けにしてほぐして固めています。般的には脂で固めるのですが、これは炊いた肉の汁をゼリーにして固めています」

嶺井さんの説明を聞いていると、彼の情熱がほとばしっているのがわかる。店名が示す通り、嶺井さんは肉を切り分ける繊細な作業と、高い技術で手塩にかけてソーセージやハムをつくっている。

現在は三五種類のレシピがあり、順繰りに出している。ソーセージ（腸詰め）が八種。他はベーコンやハム、ゼリーよせ、コンフィ等。豚がメインだが味を立体的にするために牛を混ぜ込むこともある。さきに紹介したように鴨肉も数種類ある。これからは山羊肉にも挑戦していきたいという。

ブーダンノワール（血のソーセージ）も、再び豚血が入手できるようになればやっていきたいと、嶺井さん（注：二〇一七年四月に豚血は保健所の指導で出荷停止になったが、現在は八重山の食肉センターから少しずつ入るようになってきている）。

店の上階では嶺井さんの叔父が「JET」というライブハウスを経営している。ビルの持ち主も叔父御本人だそうだが、コザは米兵向けのハードロックを売りにしてきた街でもある。叔父さんは、同じ名前のJETというオールドアメリカンハードロックのバンドでベーシストをつとめている、古堅喬さんだ。

オーナーなのだから、JETはハコバン（ライブハウスの専属バンド）になるわけだが、コザのロック業界の重鎮の一人である。一階はもともとタトゥーショップで、そこが出ていったあとが空いていた。

「そこにぼくがすべり込んだ。まだ一年もたたないです。予算的に、冷蔵庫やスモークする機械などを設置して、加工場をつくっただけで、営業しながら、内装は少しずつやっています」

沖縄はうまいパン屋も多い。「TESIO」で買ったソーセージをパンにはさみ、カリーケチャップをぶっかけ、かぶりついた。病みつきになるうまさ。もう、文句なし。

（「タビリスタ」二〇一七年一一月）

第三章　マイノリティとマジョリティ

2023年1月

1月18日　チャパゲティが美味い

韓国の連続ドラマ『ザ・グローリー——輝かしき復讐』を早めに羽田空港に着いて観始め、機内、ベッドの中で全話見終わる。到着が夜遅かったので空港内のコンビニで弁当を買って、帰宅して食べたのだが、観終わったとたんに猛烈な空腹に襲われ、韓国のインスタント乾麺「チャパゲティ」をつくり、食べた。チャパゲティ、美味い。

1月19日　メイクマンに行く

昼前に起きてバルコニーの掃除を少し。仕事の資料がダンボール二箱分届く。今回はこれに目を通すのが、目標。バルコニーの自動散水機が故障しているのに気づき、浦添のメイクマン（沖縄にあるホームセンター）へバスに乗って持っていく。園芸コーナーの修理窓口でいろいろと相談するが、新調したほうがよいという結論に落ち着き、同じものを購入。隣にタリーズコーヒーがあるので、ここで春に刊行する、二拠点日記の第二弾『沖縄でも暮らす──「内地」との二拠点生活日記』（二〇二三）の初校にアカ入れ。

那覇に戻って、「OPTICO《オプティコ》 GUSHIKEN《グシケン》」に寄って、新作の眼鏡を物色しながら、オーナーとゆんたく。ずっと飯を喰いにいこうと誘っていただいているがまだ行けてない。ついでに、「PAIKAJI」でオーダーしていたシャツができていたので引き取りにいき、一人で「米仙」で寿司をかるくつまむ。

1月20日　「二拠点生活」について「複雑な思い」を寄稿した

朝方に寝ついたせいか、昼過ぎまで爆睡していた。もっと寝たかったが、荷物の配達で起こされた。

昨年（二〇二二年）の一〇月に発売された『楽しい！　2拠点生活─移住でも別荘でもない』（世界書院）に八人の著者に混じって、ぼくも「談」というかたちで掲載してもらった。一部を紹介したい（部分的に加筆）。

東京都世田谷区と沖縄県の那覇市という二拠点での生活を実践していますが、その理由をあまり意識したことはありません。たとえば、ネット時代あるいはポスト・コロナ時代における多拠点生活云々という意義や理論めいたことは、人が書いているものを読んで「なるほど、そういうものか」と唸るレベルです。

ライターの仕事を三〇年以上続けているぼくは、東京に生活拠点はあるけれど、じつはあまり東京で取材活動をしたことがない。事件や個別性のある社会の出来事、人間の営みをテーマに書くことが多いので、むしろ地方出張がほとんど。政治専門のテーマなら永田町、経済専門なら兜町や大手町がフィールドになるけれど、ぼくの場合は取材現場を限定されていないんです。むしろ、東京以外の「地方」で事件や出来事は起きていて、そこから現代日本の正体の断面を見つけようとする作業を地味に続けてきたと思います。

ただし、本を出してくれる出版社や記事を載せてくれる雑誌社、あるいはネットメディアの会社はほとんど東京にあるので、編集者との打ち合わせのために東京にいることが多いというのが実情です。

もう一つは、非常勤（通年）で十数年勤めている愛知県の愛知淑徳大学での講師（ゼミも担当）、夏の約二カ月間だけ神奈川県川崎市にある日本映画大学で新入生を対象にした集中講義を「副担任」という立場で手伝っている。二カ月近く続くので、この間はほとんどどこにも出かけることができない。

「人間研究」という講義名で、誰か一人に密着するのだが、立案、アポ取り、取材、編集（スチール写真）、録音、編集までして三〇分程度の作品に仕上げるものだ。同大学（大学になる前は日本映画学校という名称だった）の名物授業。高校を出たばかりの若者たち――半分が留学生なので言葉のコミュニケーションもたいへんだ――に取材のイロハを限られた時間で実践していく、ぼくから見てもかなりキビしいプログラムだ。

ここで自分自身の特性を見極めることができればいいのだが、ついていけない学生も少なくない。が、確実に学生の血肉になる。だから、それらは必然的に東京を拠点にして出かけていくことになり、東京暮らしが長いということになります。名古屋から沖縄に飛んだり、沖縄から名古屋に戻って大学に向かうこともままあります。

だから、食う・寝るスペースはずっと東京に置いてきました。実家から東京に出た頃は小田急線沿いの町のアパートを転々としてきましたが、二〇〇三年に東京都世田谷区の狭小地にセミセルフビルドで住宅を造りました。わずか一一坪の旧法借地権付きの土地を買ったのですが、そこには朽ちたアパートが建っていました。友人の建築家に頼んで、最低限のリノベーションだけ（二階と一階を内階段でつないだり、ユニットバスを入れたり）をして、しばらく住んでいました。そのうちに、それを取り壊して、建物は友人で建築家の鈴木隆之さんに頼んで、鉄骨とガラスの二階建て（のちにリノベーションして三階を増築）のヘンテコな住宅を建ててもらいました。鈴木さんはいまは中国の大学で教えています。

ぼくは建築家の石山修武さんの『「秋葉原」感覚で住宅を考える』（一九八四）や、ル・コルビジェが湖のほとりに母親のために建てた「レマン湖の小さな家」、鴨長明の『方丈記』に出てくる「方丈庵」などの建築というか、考え方が好きで、関係書を数十冊、読みあさり、超ローコストで友人や、当時は京都の大学につとめていた鈴木さんのゼミ生を動員して（もちろん基礎や鉄骨の組み立ては、プロの職人さんにお願いしました）、時間をかけてゆっくりとつくりました。その間は実家に帰ったり、マンスリーマンションで暮らしていました。

その記録は、鈴木隆之さんとの共著で『500万で家をつくろうと思った。』（二〇〇三）という本にまとめて出版しました。もちろん五〇〇万円というのは上物だけです。借地権代（九〇〇万円ちょっと）も合わせるとなんだかんだで一六〇〇万ぐらいでできた自宅です。

石山さんがこの家に取材に二回もいらっしゃって「（家を買うなんて）なんか君の生き方と違うんだよなあ」と、建築家らしからぬ（笑）ことをおっしゃられましたので、「仕事がなくなっても、屋根と壁さえあれば暮らしていけます」みたいなことを答えたら、「なるほどねえ」と言っておられました。実験的に隙間に暮らしてみようと思ったんですね。「東京の隙間」とは石山さんが拙宅を著書の中で紹介してくれたときに使っていらした言葉ですが。

ぼくの中では通称ガラスハウスと言っていました。針金の入った分厚い曇りガラスを入れたんですが、壁際（ガラス際）に置いているものはシルエットでわかります。一度、高さ四〇～五〇センチほどの作家もののシーサー一対を壁（ガラス）際に置いていたら、とつぜん大学生と名乗る女性がたずねてきたのです。何の御用ですか？　とたずねると、「あれ、シーサーですよね。道路から（シルエットが）見えたもので。私、沖縄出身なんです。で、なんとなく……声をかけたくなって……すみません」と言って去っていったこともあります。

一〇年ほどそこに住み、その後はパートナーといっしょに共同生活を始めたので、今は最寄り駅近くの、リノベーションされた古民家に住んでいます。それまで住んでいた狭小ガラスハウスはその古民家から自転車で一五分ぐらいなので、そこに通って仕事をしています。ガラスハウスは寝起き（仮眠できます）することできますが、仕事場や本や資料の倉庫として使っています。だから「家を建てるのがステイタス」とか「憧れのマイホーム」なんてことは一度も思ったことがありません。そもそもそのおカネを稼ぐ可能性なんてゼロに等しい。フリーランスで食っていくということは昔も今も経済的には余裕がありません。

思えば、仮に東京に数千万円もする自宅を購入して（いちおう、相談だけをしてみましたが、どこの金融機関も一円も貸してくれませんでした）、そのローンのために一生働いて移住や半移住などの移動の自由が奪われることが嫌でたまりませんでした。ぼくは自分は定住型ではないとはっきりと自覚をしていたので、住むことに経済的に縛られることだけは避ける人生を選択してきたつもりです。結果的に「家」を所有することになっていますが、家を所有するに関わる経済的負担はほぼありません。沖縄の仕事場のローンを月にわずか払うだけです。

東京に拠点を作る以前から沖縄には頻繁に足を運んでいて、だんだんその回数が増えていきました。作家の故・灰谷健次郎さんが渡嘉敷島に家を持っておられたので（豪邸でした）、何泊かさせてもらったこともあります。灰谷さんも当時は、渡嘉敷島と淡路島と東京（四谷）に複数の拠点を持っておられて（晩年は熱海にお住まいでした）、そういった灰谷さんの生活スタイルに影響を受けていたのかもしれません。「灰谷さんのようなベストセラー作家のお金持ちだからできるのだなあ」という冷めた目も持ってはいましたが。

最初は民宿のような安宿をベースにして、沖縄の定番ともいえる「青い空と海」が好きで、海によく遊びに行ったし、町並みも好きで原付バイクやクルマを借りて走り回っていました。石垣島や宮古島、ちいさな離島もほとんど旅して回りました。同時に沖縄の歴史を勉強する必要もあると思っていたので、沖縄戦の跡や米軍基地、そしてのちになって辺野古の新基地建設も見に行くようになっていきました（ちなみに「青い空と海」は「内地」の側の一方的なイメージで、沖縄では一年を通して曇ったり、雨の降っている日のほうが多いです）。

当時、ぼくは沖縄で「拠点作りがしたい」とアドレナリンがでまくっていたのだと思います。古い住まいをリノベーションすることにも、もともと興味がありました。今もそうです。ですから、沖縄でホテルで泊まっているより、この土地にも拠点が作れないかと思い始めると、夢中になって半年間ぐらいかけて物件を探しました。いろいろな不動産屋と知り合って、賃貸物件から売買物件までさまざまな部屋を見て回りましたね。物件を決める直前にたまたま若手の建築家集団とも知り合い、のちに大規模なリノベーションをしてもらいました。

同時に、東京にいる必要性を以前にも増してあまり感じなくなっていました。一極集中的で人が多すぎる東京に飲み込まれたくないという気持ちもありました。また、故郷に戻ろうという気持ちもありませんでした。だから沖縄に七百万円の老朽化したマンション（毎日のように補繕工事をやっています）をローンで購入しました。

自分の気に入った場所に自分の意思で選んで住む気持ち良さ。その土地の空気や暮らす人たちの人間性みたいなものが、暮らしてみることで、表層的にせよ分かるんじゃないかという思いもありました。

昨今言われているような多拠点生活とかノマド生活を実践したり、町おこしのために多拠点生活をしたりする「意識高い系」の若い世代の方々にはアタマが上がりませんが、いま思い返すと、大好きな沖縄に自分の自由になる拠点を作るという、熱意を超えたような前のめりな感じというか、夢遊病のような状態だったのだと思います。初めの頃は老朽マンションを「拠点」にして遊び歩いていました。夜は飲み歩き、ずいぶん恥さらしなこともしてきたと思います。

しかし、職業柄か、一般的なイメージではない沖縄のことを知るにつれ、自分なりにそれらを「伝えたい」という気持ちが芽生えてきました。

「遊び」から「取材」へ少しずつモードが変わっていき、のちに『沖縄アンダーグラウンド――売春街を生きた者たち』（二〇一八）という大部のノンフィクション作品にまとめることにもつながっていきました。沖縄の「青い海と空」の「裏」の部分というか、違った地肌が見え始めたといってもいいでしょうか。

同書の狂言回し的な存在であるタクシードライバーは、ぼくの沖縄で「遊び」の時代の真っ只中でたまたま知り合って、沖縄の「裏」の顔を見せてもらうようになっていったのです。その彼から、那覇の拠点を作ったときに、戦後に形成された歓楽街の「浄化」運動が始まっているという一報を受けて、完全に取材モードに切り替わりました。その「世界」を深く覗いたら、そこに沖縄の歴史の断片を深く知ることができる鉱脈があるなという手応えを感じました。

結局、那覇の格安で購入した築五〇年近い（当時）マンションは、取材の拠点になっていったのです。他人の目があるところでは取材できない人を拙宅に招いて、インタビューしたことも何度もありました。

東京と沖縄で違ったのは、銀行の融資です。さきにも少し触れましたが、東京の狭小住宅を造るとき、銀行や信用組合を十数カ所回ったけれど、全部から融資を断られました。収入が不安定なフリーランスのライターへは融資のハードルが高く、知人から少しずつお金を借りました。でも沖縄の銀行はなぜかマンションの金額の何倍もの融資枠を提示してくれました。沖縄は「本土」に比べて県民の平均所得が低く、安定層と不安定層の差も激しいので融資基準が低かったのでしょうか。国際通りに近い高台のマンションのリノベーション代を合わせた購入資金として一〇〇〇万円を借り入れました。月々の返済額は東京の風呂なしアパート代ぐらいです。

実は、最初は完全移住も考えました。インターネットがあるから沖縄にいても仕事は来るのではないか、と甘く考えたのです。しかし、全然、沖縄には仕事がないし、東京にいて編集者等と会って話をする機会がないと仕事は生れにくいことはすぐにわかりました。「本土」に比べると、事実上、フリーランス（それも新参者）が沖縄の媒体で書いて生活をすることは不可能に近い。たとえば、さまざまな沖縄本を出している知人も副業として古書店をやっています。作家の仲村清司さんは二〇以上も沖縄に住んでいましたが、出す本はすべて東京など、県外の版元でした。

ぼくは沖縄に滞在するたびに、沖縄の犯罪被害者遺族の会の実質的な事務局長を務めながら、会の現状も取材していました。また、インターネット放送（東京発）の番組を持っていましたから、沖縄の企業にスポンサーになってもらい、沖縄在住のゲストを招いて、さまざまな沖縄のテーマを発信することもたまにおこなっていました。

地元の人が集まる居酒屋にも毎日のように顔を出して、いろいろな人と親しくなりました。沖縄のローカルニュース番組である裁判員裁判のレポーターを務めたこともありましたね。今は、引きこもりや不登校の子どもたちを支援しているNPOの仕事を有償でお手伝いしています。『沖縄アンダーグラウンド』を出したあとに「琉球新報」で始めさせていただいた人物ルポ（一回分がほぼ一面全部）の月イチ連載で、そのNPOの方を取材させていただいて、今度は逆に仕事を頼まれるかたちになったのです。一般的なネタ探しをしたというより、出会う人の間を流れるようにして、あるいは転がっていくようにしていくうちに、それが仕事につながっていった感じです。ちなみに原稿料は県外と比較してすごく安いのが現状でした。

だから、ぼくの沖縄での取材活動は何か沖縄で起きると東京から現場に行って記事を書くという特派員的な役割や、地元の新聞社の記者的な役割ではないのです。様々な人と知り合い、人脈を広げる中で、そこで見聞きしたことが溜まると文章にまとめて、東京の出版社から出すというサイクルができていきました。ちなみに、「琉球新報」の連載は三年ほど続けましたが、琉球新報社から単行本として出版してもらいました。

『沖縄アンダーグラウンド』を出して少しずつ、喰えるほどではありませんが、沖縄での仕事も増えていきました。先に紹介した「琉球新報」の連載が三〇回を超えたので、他媒体に書いたものを合わせ、さらに書き下ろし一〇本を加え、相棒の写真家のジャン松元さんの写真も何十枚も載せて、共作というかたちで『沖縄ひとモノガタリ』という本にしたのです。「ヤマト」（沖縄県外）から来たどこの馬の骨かもわからないライターが、「ヤマト」と複雑な関係を今もはらんでいる「沖縄」という土地——「ヤマト」への複雑な感情が入り乱れている——で活動をしていくためには、それなりの努力や工夫が必要なのです。（中略）

一つ、書き留めておきたいことがあります。沖縄で、頻繁に自殺未遂を繰り返す友人（男性）ができました。実行する前に必ずぼくに連絡があるので、ぼくがそのときに沖縄に居れば駆けつけることができたのですが、沖縄以外の場所にいるときはそうはいきません。その人のことを知る沖縄の友人や、その人の両親やきょうだいに連絡をして、その人の部屋に行ってもらったり、ときには県警にぼくから連絡をして救出してもらったこともありました。

その友人は精神科やカウンセラーにもかかっていて、ぼく含めて、その友人を支えたのはすべてがヤマトンチュでした。あるとき、彼の父親（亡くなってしまいましたが）から「だから、ヤマトは信用できん」と言われたのをよく覚えています。父親は、彼が仕事のしすぎで、仕事をやめれば病は良くなるという信念を持っていました。しかし、友人は働かないと食べていけないので、父親の進言を無視していました。ぼくを含めた「チーム」がぎりぎりのところでその友人を支えていました。

ぼくはその言葉の「意味」を考え続けました。今もぼくの思考のベースになっています。きっと父親の言い分としては「あなたたち（ヤマトンチュ）が頑張ってもいっこうに病はよくならないじゃないか。それに、いざというときにも連絡をよこしてくる。だから、ヤマト（の人間は）信用できん」ということだったと思います。県警が出動するときには、肉親の手続きや立ち会いが必要になるから、夜中であろうと呼び出されたのは仕方のないことだったのですが。

沖縄戦時、日本軍は沖縄県民を助けませんでした。スパイ容疑で虐殺もした。敷石にしたどころか、裏切りをしたのです。それ以来も「本土」は沖縄の現状をないがしろにしてきた歴史があります。今もそうです。だから一定世代以上の沖縄県民からすれば「本土に対する怒りや虚しさ」があるのは当り前なんです。

以前、映画監督の中江裕司さん（関西出身で琉球大学に進学して、そのまま沖縄を拠点に活動中）を取材したときに彼が、「琉大に入ったばかりの八〇年代は、ぼくは酒は飲めないんだけど、友人と居酒屋に行くと、〝このくされヤマト〟と酔ったおじいさんに罵られましたよ」と言っておられました。今は「くされヤマト」は死語だと思いますが、「ナイチャー」や「ヤマトンチュ」という、今でも日常でよく使われる言い方にも軽い蔑視感や敵意、警戒感が含まれます。このいわくいいがたい感覚を身体でわかるようになるには、沖縄の「深部」へ潜っていかないととても難しいと思います。ぼくはここで「本土」という言葉を使っていますが、沖縄ではこの言葉にも反発する空気もあります。

ぼくに「だから、ヤマトは信用できん」と思わず浴びせかけられた言葉は、怨嗟の歴史の亀裂の奥底から発せられた言葉だと思うんです。ぼくはその言葉を大事にしたいと誓っています。血だらけのその言葉を抱きしめていきたいと思っています。

本土から地元紙に就職した記者と話をしていたら、「記者になりたて当初は、〝ヤマトの人間です。すみません〟とアタマを下げて取材に回ると、オマエはいいやつだと喜ばれたものです」と言っていました。今はほとんどそんなことはないと思いますが、「本土」「内地」から沖縄に移住した人は、県民の感情の奥底に流れている言葉には出さない「歴史認識」みたいなものをないがしろにしてはいけないと思います。

ぼくが那覇で二拠点生活を始めた頃、たまたま仲良くなった年配の美容師さん、「内地の人が来ると、沖縄で何をするのか、何をしてくれるのかを、みんな黙って見ているんだよ」と言われたことがあります。この言葉が今でも気になっています。もっと気軽に沖縄で暮らしたいと思っている人もいると思いますが、ヤマトンチュとか、ナイチャーという言い方が日常的にある土地は沖縄しかありません。個人的に仲の良い間柄同士は別ですが、総体としては見えない「溝」があるのです。その狭間で自由に書いていくということは煩悶を抱えながらやっていくしかないことであり、沖縄との二拠点生活ライターの業のようなものだと思っています。

1月21日　ジャズを聴きにいく

冷蔵庫にあった島豆腐などを食べて仕事を続ける。夕方に郵便物を投函しにいったついでに栄町に行って「おとん」へ。普久原朝充さんや、森本浩平さん、朝日新聞那覇支局の石川佑治さんも三々五々やってきて飲む。ジャズを聴きにいこうと森本さんが言い出して、「アラコヤ」の二階にある「Ｈａｒｖｅｓｔ Ｍｏｏｎ」へ。ここにライブスペースがあるとは知らなかった。ここで真喜志亮さんのギター演奏を堪能。亮さんは建築家の真喜志好一さんの息子さん。独特のギターテクニックに聴き入る。演奏後、しばらくおしゃべりして、亮さんのアルバム「URUMA 20022X KEY STATE OF PEACE」を購入。

1月22日　平良孝七展の図録を受け取る

オーディオ機器が壊れたので、正常に動く中古品がいくつか届く。午後遅くになって、県立博物館・美術館へ予約しておいた平良孝七展の図録を取りに行きがてら、「大阪王将」で餃子を食べる。日用品を買って帰宅。少し寝て、仕事をする。気づいたら、深夜零時を回っていた。菊地史彦さんの『沖縄の岸辺へ―五十年の感情史』（二〇二二）を興味深く読む。作家の仲村清司さんについてぼくが書いた文章についても触れられていた。

1月23日　『いちげき』を読む

昼間近くまで寝ていて、郵便物を投函しに出かける。昼飯を安里十字路の「あかね食堂」で食べようと思い店の前まで行くと、主のおばあさんが一人でちいさな丼で（沖縄）そばを食べ終わるところで、扉をノックすると「あらあら、ごめんなさいね～。寒いからお客さん、こないね～」と言いながら、厨房へ。記録的な寒波の影響があることは昨夜の天気予報を見て知っていたが、風も強く、ぼくはほとんど東京と同じ服装をして外出してきた。カツカレー（ミニ沖縄そば付き）を食べたあと、近くのホテルのカフェで資料本を一冊読みきる。自宅まで歩いて戻り、原稿やら資料に向かう。この仕事のペースだと、今回の滞在の「目標」に届かないな。Kindleで全巻まとめ買いした松本次郎さんの『いちげき』を読みながら布団にもぐり込む。宮藤官九郎さんの脚本でテレビ化されるが、小説家・永井義男さんの『幕末一撃必殺隊』（二〇〇二）を漫画化したもの。

11月24日　ジュンク堂書店で糸数慶子さんと会う

昨夜は一晩中風の音が騒がしく、たびたび目が覚めた。正午に起き出して、日本そばを茹で て食べ、夕刻にジュンク堂書店へ。

元国会議員の糸数慶子さんと森本店長とでゆんたく。なんでも、沢木耕太郎さんの最新刊『天路の旅人』をめぐって、沖縄でトークショーとサイン会（ジュンク堂）を予定しているから、その打ち合わせの席に同席してほしいとのこと。糸数さんがコーディネイターを務めるそうで、いくつかアドバイスを求められたが、お二人のトークに何かアドバイスするなど恐れ多いので、糸数さんの沢木さんへの熱い思いをほぼ黙って聞いていた。沢木さんの初期の短編ルポ「単独復帰者の悲哀」がある。復帰前に取材し書かれた、「内地」との距離の取り方に揺れ動く若者たちの心を描いた作品である。『地の漂流者たち』に収められている。

11月25日　版元を決めないまま原稿を書く

昼前に起き出して原稿を書く。一度は通った企画だったが編集者と相談してボツにした企画だった。ボツにしたのが悔しくて、版元も決めないまま取材は続け、原稿を書いている。が、なんか、しっくりこない。夕刻になって一人で「米仙」へ晩飯を食べに行く。大将とだべっていたら、シマムーこと島村学さんがやってきたので、カウンターで語り合う。

11月26日　「あかね食堂」でゴーヤー炒め定食

昼前にのそのそと起きて、雑務をこなしてから「あかね食堂」へ。ゴーヤー炒め定食を注文して待っていると、知花園子さんが入ってきた。同じゴーヤー炒め定食を知花さんも注文。近くのカフェでゆんたく。気づいたら夕刻になっていた。帰宅して原稿執筆。

11月27日　「モモト」を買って東京へ移動

正午ぐらいに那覇空港へ。沖縄発の雑誌「モモト」最新号（五二号）をもとめる。特集は「沖縄とデジタルアーカイブ」。いつもいっしょに飲み食いしている深谷慎平さんと普久原朝充さんが出ていた。深谷さんは古写真のアーカイブ事業に関わっていて、沖縄のアーカイブ事業についての座談会に出席していた。普久原さんは首里劇場――先日、三代目館長・金城政則さんが亡くなった――の「首里劇場調査団」の建築部門を担当していて、そのレポートが載っている。

葉室麟さんの原作『散り椿』を映画化した同名の映画をタブレットで観る。『蜩ノ記』も映画化されているのでそれも観続けた。恥ずかしながら氏の膨大な時代小説群は一冊も読んだことがない。亡くなったあとに出版された旅のエッセイ集『曙光を旅する』（二〇一八）は買ってあったが積んどく状態だった。手を伸ばした。

2023年2月

2月17日　せやろがいおじさんこと、榎森耕助さんを描いた

名古屋から夕刻に那覇に到着。名古屋で観た映画『SHE SAID シー・セッド　その名を暴け』の余韻に浸りながら機内では眠りに落ちていた。原作はジョディ・カンター、ミーガン・トゥーイーの『その名を暴け──#MeToo に火をつけたジャーナリストたちの闘い』というハリウッドの「実力者」らの性暴力を告発したピューリッツァー賞を受賞した調査報道ノンフィクションが原作。その内容を公式サイトから引用する。

二〇一七年、ニューヨーク・タイムズ紙が報じた一つの記事が世界中で社会現象を巻き起こした。『グッド・ウィル・ハンティング／旅立ち』『恋におちたシェイクスピア』『ロード・オブ・ザ・リング』『英国王のスピーチ』など数々の名作を手掛けた映画プロデューサー、ハーヴェイ・ワインスタインのセクハラ・性的暴行事件を告発したその記事は、映画業界のみならず国を超えて性犯罪の被害の声を促し、#MeToo 運動を爆発させた。

調査報道と銘打たれていたので、大規模な記者集団があの手この手を使って調べ上げていく展開を予想していたが、動いた女性記者は二人。性被害に遭った女性たちを丹念に探し出し、

証言してくれるようにゆっくりと説得していく。何度も断られながらも誠意と意義を伝える記者たちに、性被害者たちは意を決していく。何度も圧力を受けるが、それをはね返す上司たちがクールですばらしい。

「AERA」(二〇二三年二月六日号)に沖縄や東京で取材した、芸人の「せやろがいおじさん」こと、榎森耕助さんのルポが出たので、ここに加筆を施して所収しておきたい。

東京・日本橋の線路際の仄暗い通りを往くと、地下のライブハウスを指し示すちいさな照明が見えた。スタンダップコメディ「せやろがいおじさん 独吐」ツアーの東京公演。「せやがいおじさん」こと芸人の榎森耕助(三五・当時)は、同ツアーで全国十数カ所を転戦している最中で、この日は昼の部の公演をこなし、夜の部の公演に備えているところだった。

本番前にマネージャーに頼み、控室に声をかけてもらうと、スウェット姿の榎森が現れた。舞台衣装はTシャツに真っ赤なセットアップなのだが、下だけ衣装の赤いパンツ。聞けば、そのスウェットは沖縄に本拠地を置く強豪のプロバスケットチーム「琉球ゴールデンキングス」の限定品らしく、大のバスケファンぶりがうかがえた。郷里の奈良県天理市でバスケットボールに没頭し、高校時代は県内でもトップレベルの成績を残した。沖縄国際大学に進学するために移住したが、それ以降も続けている。バスケットボールをやっているときが唯一、無心になれるという。

一九八七年に天理市で生まれた。父親は広告関係等でコピーライティングを担当、母親は絵画教室で教えていた。天理学園は小学校からあるが、榎森は中学から入学、「まったく熱心じゃないけど」天理教徒である。ちなみに天理教の教義は「陽気に生きる」というものだ。一〇〇人近くが入る会場は、昼夜共に満席状態だった。ある地方公演では数人しか客が入らず、東京公演で相殺していることをギャグにしていたが、いま勢いがある芸人であることは間違いないだろう。ただし、「勢い」といってもテレビでよく顔を見るという意味ではない。

榎森がよく知られているのは、YouTubeだ。赤鉢巻きに赤Tシャツ、赤褌といういでたちの「せやろがいおじさん」キャラとして、沖縄の美しい海岸をバックに、主に政治や社会問題に斬り込んだ動画を配信している。台本は主に自宅で書くが、移動中にアイディアがわいたときはクルマを停車させてスマホにメモる。動画の撮影現場で書くこともある。そのぐらいインプットとアントプットのスピードが早い。

二〇一七年頃から始め、現在YouTubeの登録者数は約三二万人、Twitter（現X）のフォロワーは約三四万人だ（当時）。ライブ当日は、「呼ばれたらどこでもしゃべりにいきます」と客席に呼びかけてステージをしめていた。

母の冗談で薦められた沖縄――ピンときて大学進学を決意

最近では、衆議院議員の杉田水脈が総務大臣政務官を辞任したとき、「豊富な語彙力で差別発言してたやん。あなたに足りないのは、それは違うとつっこんでくれて、爆笑に変える相方や。俺と漫才やれへんか。」などと猛烈に批判しながら、挑発とも皮肉ともとれる動画を即座に配信した。東京オリンピック開催のときは、コロナ対策よりも開催を優先しようとする政府や国際オリンピック委員会（ＩＯＣ）を批判し、中止を訴えた。アスリートも意見表明をするべきだと踏み込んだときもある。

動画は、新聞や専門家などから知見を得て、エビデンスや多様な意見を紹介しながら、「俺はこう思うけれど、あなたはどう思うのか」を問うものが多い。評論家的ではなく、社会批判とブラックジョークを巧みに混ぜ込みながら、早口の関西弁でたたみかけるようにしゃべる。その語り口は、人を引き込む説得力と、不思議な緊張感がある。すでに一〇〇本近くの動画を配信してきた。そのうちの一割ほどは、自らが暮らす沖縄をテーマにした動画だ。

動画で観る、声が裏返るほどのテンションの高いトークから、同様の人物像を想像していたが、それは表向きで、インタビューはそっけないほどの態度で、常に内省的に自分の道程を淡々と話す。

「大学から沖縄に住んでいるのに、二〇代のときは沖縄戦や米軍基地のこと、沖縄が日本で構造的にマイノリティーの立場に立たされている問題なんかにはまったく関心がなかったんです。沖縄戦の組織的戦闘が終結した日で、沖縄の人が大事にしている『慰霊の日』すら知らなかった」

沖縄国際大学を選んだのは、進学を考える時期に、母親が冗談で、「沖縄でマンゴー農家でもやるか?」と言ってきたことだった。榎森は「沖縄いいかも?」と母親の意図とは逆にピンときたという。大学では教員資格を取って、国語の教員になるつもりだった。高校時代にバスケをやっていた仲間とは「将来、バスケ部の顧問になって試合をやろう」と誓い合っていた。

大学を卒業して、那覇市牧志の公設市場衣料部の二階でイベントスペースの運営に関わっていた時期がある。そこでは戦後、アメリカ占領下の時代を生き抜いた人たちが現役で働いていた。そこでたわいもない会話をしたり、しょっちゅうお菓子をもらったりして、そこで働く沖縄の人の気質の温かさをリアルに感じた。

「当時（アメリカ占領下）の生活の過酷さについてもたくさん話してくれたんです。そんな戦後復興を経て、今の沖縄があることを知り、感謝とリスペクトの気持ちが宿った気がします。だからこそ、〝沖縄終った〟という沖縄を切り捨てるような言葉や、沖縄を再び戦場にするような軍拡については強い抵抗感を感じます。そうそう、最初の沖縄の印象は海がきれいだとか、飯が美味しいという理由で沖縄が好きだったんですが、今は好きな人が居るから沖縄が好き、というふうに変化してます。沖縄で良かったのは人との出会いに恵まれたこと。特にお笑いの先輩や仲間と出会えたことが大きいです。人を笑わせること、楽しませることができる人は優しさや共感力があって、人として魅力に溢れていました。お笑いを通じた人との関わりの中で、自分が耕されていったと思います」

榎森がお笑い界に飛び込んだのは大学生のときだ。ともに国語の教員の資格を得るためにカリキュラムに参加していた一年先輩で、現在「リップサービス」というコンビを組んでいる金城晋也（三六・当時）が、大学生芸人として活動していた先輩のライブに榎森を誘ったことがきっかけだ。金城が二年、榎森が新入生のとき。金城は榎森との出会いを、「ふてぶてしい一年生がいるなというのが最初の印象」と笑う。

「関西弁の人にあまり出会ったことがなかったので、ちょっと圧を感じていたのかも。天理高校のジャージを着ていたんです」

金城は客として先輩のライブに一年以上通っていたが、榎森からすぐに「俺らも、お笑い、いっしょにやりましょうよ」と言われたという。もともと榎森は当時は「ダウンタウン」が憧れの芸人で、自分もその世界に飛び込みたいという思いもあった。中学二年のときにクラスでコントをやり、お笑いに目覚めたという。さらに、「バスケ部のキャプテンとして部員にいろいろ工夫して檄を飛ばしていたんですが、それが、誰かに〝伝える〟が自分は好きなんだと思った原点ですね」とも振り返る。

二人は、コンビニの店員と客、医者と患者といった設定の漫才をまずはサークル的なノリでやり始め、その後、大学在学中に沖縄の芸能事務所にいきなり所属する。それが、お笑いコンビ「リップサービス」の船出だった。

金城に「せやろがいおじさん」について聞いてみると、「せやろがいおじさんの誕生についてはぼくはノータッチですが、今までの榎森とは別人のような感覚です。政治的なことをネタとしてやりだしたときには〝おいおい、大丈夫か〟と思いました」と言って大笑いした。ちなみに、金城は教員資格を取得したが、榎森は取らなかった。

大学卒業後もM－1グランプリを目指すが、予選の三回戦進出が過去最高。とはいえ、何千組中の上位三〇〇組ぐらいに残ったのだから、漫才コンビとしてはかなりの実力だ。沖縄の放送局が主催する、沖縄ナンバー1のお笑い芸人を決めるバラエティー番組「お笑いバイアスロン」では、二〇一四年から一七年まで四連覇する。

二〇一八年の沖縄県知事選から政治をネタに動画を制作

漫才をやるかたわら、榎森はYouTubeに目をつけた。二〇一七年はすでにYouTubeが全盛期で、沖縄からSNSでコンテンツを広げようと考え、試行錯誤の末、今のいでたちの

「せやろがいおじさん」キャラを生み出した。しかし、当初はありがちなドッキリ企画や大喜利企画、「うんこ沖縄方言講座」という、本人に言わせると「バカバカしい」企画を「垂れ流してました」。反応は薄かったが、あるとき政治をネタに動画を作ると、ファンから「政治のことを言うなんてがっかりです」と声が寄せられた。

「なんで政治のことがあかんのやろうなあと考えてみて、この国の政治や社会問題のことを語るのは悪くないと、この国に住む人がこの国のことを話していけないわけがない、という結論を出すわけです。とくにネット空間なんかでは、自分の考えとちがう人とは意見をかわせへん。倒すべき相手みたいにしかならないのは、そのコミュニケーションエラーなんじゃないかと思った。だったら俺はお笑い芸人として自分の意見を言い、それを笑って聴いてくれたら乗りきれるんじゃないかと思った」

ちょうど、榎森は三〇代にさしかかろうとしていた。実は選挙にも行ったことがなかった。このまま三〇代を漫然と過ごし、四〇歳、五〇歳になったときに何も政治のことを知らなくていいのか。漠然とした不安におそわれた。そこで、二〇一八年の沖縄県知事選挙のときから、「せやろがいおじさん」として、本格的に政治ネタの動画制作に針をふりきるようにシフトしていった。

動画を作るために、榎森は社会問題を水を吸い上げるように吸収していった。それまでの自分の「笑い」を反省し、漫才からもミソジニー的な要素やルッキズムのネタなどを省いた。二〇二〇年、翌年開催の東京オリンピックが商業イベントなのにもかかわらず、「無償ボランティア」を募集した、いわゆる「ブラックボランティア」問題や、我が子の名前をタトゥに刻んだタレントの「ryuchell《りゅうちぇる》」に対するバッシングに真っ向から反論した動画あたりから、一気に動画再生回数が増え出した。

ひろゆきと番組で共演――議論にならず激しい後悔

榎森はラジオをしょっちゅう聴く。リスペクトしている評論家の荻上チキ（四一・当時）がパーソナリティを務めるラジオ番組は榎森にも必聴だという。荻上とは面識もある。荻上が同番組の取材で沖縄を訪ねたときに榎森に取材したのだ。荻上は榎森の「笑い」を理路整然とこう評価する。

「〝相手を単純化して笑う〟のではなく、〝無視されがちに声を叫ぶ〟という姿勢は、冷笑に疲れていた人にも受け入れやすかったと思います。わかりやすくすることは、時には事実を矮小化・単純化したり、俗情に便乗したりということがどうしても起きます。榎森さんの動画や言葉回しにも、そうした課題はつきまといます。しかし榎森さんの特徴は『無敵＝無反省』として振る舞うのではなく、『反省』をし続けられること、自らを神格化せず、応答しようとする姿勢は、意固地にならず考えてくれる、という期待がある」

榎森は荻上に会ったとき、別れ際に「友だちになりましょう」と声をかけられたことが忘れられない。そのことを荻上に当ててみると、「（榎森は）すごく話しやすくて、威圧感もなかった。ほくも同世代の友だちがほしかったし、榎森さんにも友だちが必要そうだ！　と思ったのもあります」と笑った。

昨年（二〇二二年）一〇月、実業家・タレントのひろゆきが、「ABEMA Prime」の番組で沖縄・普天間基地の辺野古移設反対を訴える、現地の抗議活動の拠点（テント）を訪れた。

たまたま誰もいなかったことから、座り込みをした日にちを掲げる立て看板の前でピースサインをする写真を撮り、「座り込み抗議が誰もいなかったので、〇日にした方がよくない？」とツイートしたことが、ネットで炎上した。ひろゆきは、「『座り込み』その場に座り込んで動かないこと」などとも、辞書を丸写しにした文言などをツイート。沖縄県知事も「（活動している人たちへの）敬意を感じられない。ちょっと残念だ」とコメントするほどの「事件」となり、社会問題化する。

榎森も即座に対応した。座り込みという言葉の定義付けに意味はない。人生を削って何年も抗議している人たちに、〝お前らの人生全部かけた抗議じゃないと抗議って認めないよ〟ってジャッジができるあなたはそんなに偉いんですか……などと激しい怒りを表明した。

「辺野古の問題は、沖縄の問題じゃなくて日本の問題だよという言い方がしっくりくるし、マジョリティー・マイノリティーという構造がある問題って、マジョリティー側から変わっていこうとするしか変わる方法がない。自分は本土出身のマジョリティー側という属性を理解することが大前提。その上で、（沖縄の）苦しさをわかろうとしていくのが、人間として大当然やと思う。ひろゆきさんは（沖縄の）苦しみを知ろうとしない、わかろうとしない、理解しようとしない、聞こうとしないで、嘲笑という暴力性のあるコミュニケーションをとった」

その後、この一連の炎上事件をテーマに、ABEMAでひろゆきが出演する番組に呼ばれた。榎森は事前に話をしたいことをA4の紙約二〇枚にまとめ、リモートでの出演にのぞんだが、思ったことはろくに話せなかった。

番組出演のあとに動画で「ひとり反省会」を開いた。ひろゆきの土俵に乗ってはいけないとわかっていたにもかかわらず、すぐに乗ってしまい、議論は案の上かみ合わず、激しい悔いが残っていることを吐露した。ナイーヴな一面を臆面もなくさらした動画だった。

東京でのライブも、その敗北感が消えない「経験」を爆笑に変えながら、こう聴衆に語りかけた。

「ひろゆきさんのああいう嘲笑や冷笑に『いいね』が二三万以上もつくことがこわいんですよね。でも、あの人の人格がはっきりしたことがよかったと思うんですよ」

政治だけを語るのではない――もっとギリギリを見極める

榎森とともにABEMAの番組にリモート出演した沖縄タイムスの記者・阿部岳（四八・当時）は、榎森らと綿密な打ち合わせをしてのぞんだが、やはり作戦は予定通りに運ばなかったと振り返った。それでも榎森の活動には期待を寄せる。

「エモヤン（榎森）は、異色だし貴重な存在だと思う。私のような新聞記者が届かないところに届く言葉を持っている。それは率直な人柄からくる笑いの力だと思うんです。せやろがいおじさんは演じられるものじゃなくて、誠実で真面目な人柄からきている。沖縄の笑いはこれまで、笑ってはいけないとタブー視していた自分たち自身の現状を笑う方向性に人気があったけど、エモヤンは外向けに理論を組み立てながら発信していく笑いなのではないでしょうか」

榎森がマネジメントを委託するウェブ等の制作会社の社長・堤玄太郎（四〇・当時）も、「自分の想像や発想を超えた度胸と努力で、傷つきながら乗り越えていっている」と評価し、仲間として支える。

日本社会では、「権力」を笑いの対象にする芸人は敬遠され、地上波などの番組には呼ばれない傾向が強い。それは、スタッフがスポンサーや番組にクレームが入ることを懸念して、思い切った番組を作れないという「理由」もあるだろう。榎森は当然そこを気にかけつつも、ネットの最前線で誹謗中傷にさらされながら、この問題性について熟考と分析を重ねてきたはずである。

「政治をネタにするスター芸人がおらず、そもそもモデルケースがいないんです。そうすると目指す人が出てこないですよね。特に考えもせず、政治ネタは避けるべしとの暗黙の了解の中でやっている、というのが多い気がします」

政治の話をする人に対して「面倒臭い人」という世間のイメージがあるのではないか、とも考える。さらに、社会問題に対する知識がないことにうっすらとしたコンプレックスを抱える人や、罪悪感を覚える人も案外多いのではないか――そう榎森は現状を読んでいる。

「政治のことを話す人が出てくると、『社会や政治に知識と興味のない自分がダメな存在になっしまう』というような不安から、『政治の話をする奴らのほうが、空気読めてない面倒な連中だ』と嘲笑し、そうすることで自分たちを〝マトモな側〟であると思いたいという心理作用もあるのかもしれません」

これまでにも、顔の見えない相手からバッシングを受けることは日常茶飯事だったし、無言で離れてしまうファンや客もいた。ネット社会の特性を身をもって知っても己の表現に躊躇はない。しかし、「たぶん、ぼくは政治を語る人になってしまっているんですよ」。

そう榎森は自分を客観視するように呟いた。「政治の人」でイメージが固定されると、政

治に関心がある人にしか聞いてもらえない。それは榎森の望んでいる自身の姿ではない。「面白いことを言う人の話を聞いたら、政治のこともしゃべっていた」と、そんなふうに自分をもう一回ブランディングする必要があると考える。

そこで今、力を入れるのが、「スタンダップコメディ」なのだ。スタンダップコメディは、コメディアンが基本的には一人で観客の前に立ち、社会や政治など、さまざまなことを風刺しながら話すお笑い芸だ。海外では主流の話法で、家族やシモネタなど、何でもネタにする。

「自分の笑いの世界は、まだまだタブーと言われていることの際や隙間、ギリギリのラインを見極めて攻めてないと思うんです」

コメディアンや芸人は自由に語ることが大事で、社会的なことしか語れないと芸人としておもしろくないと思うんですよね——と自分の伸びしろを見据える目は冷静だ。

空港から牧志のアーケード街へ直行。建て替え中だった第一公設市場が完成していた。オープンはまだしていなかったが、真新しい建物はやはりアーケード通りの雰囲気を変える。驚いたのは、その先のメインの通りにコンビニがオープン間近だったことだ。

「米仙」に着くと誰も来ていない。しばらく一人で飲んでいると、ジュンク堂書店の森本浩平顧問（店長の上のポジションに就任したそうだ）があらわれて、偶然だが、ちょうど立憲民主党の大会で那覇に来たばかりの有田芳生さんが大会挨拶を終えて合流してきた。そのうちに深谷慎平さんも遅れてやってきた。わいわいと四方山話で盛り上がっていたら、沖縄大学の島村聡さんと大阪府豊中市の社会協議会の勝部麗子さんが通りかかり、ご挨拶。四人ともいい具合に酔ったので解散。有田さんは明日は昼前に関西へ移動されて、例によって反・旧統一教会の講演会で全国行脚が始まる。森本さんも帰宅。深谷さんとぼくは閉店間際の九州のとんこつラーメンの名店「一幸舎」へ入り餃子で一杯。〆でとんこつラーメン。

2月18日　誰とも話さず自由を感じた

夜中に何度か目が覚めたがけっきょく布団を抜け出したのは正午前。若干二日酔い気味なので、仕事に手をつけては惰眠。空腹を覚えたらカップラーメン、また仕事を繰り返す。気づいたら日付をまたいでいた。誰とも話さなかった。なぜか自由を感じる。

2月19日　「おとん」で読者とばったり会う

昼前に起き出して仕事。レトルトカレーを食べる。夕刻に栄町の「おとん」で普久原朝充さんと合流。「おとん」へ神奈川県から若者がやってきた。初めてだという。何でも沖縄在住の兄から、藤井がよく飲みに来るということを聞いてやってきたという。そうしたら、いきなりぼくが居たのでびっくりしていた。兄は地元新聞社の記者。客のほとんどがぼくの顔を知っていて声をかけていただく。酒席で乱れてはいかんなと誓う。

2月20日　「串豚」と「米仙」で一人飯

正午前に起きて、レトルトカレーと野菜をボイルしたものを食べて、仕事にとりかかる。夕刻をすぎて散歩がてら新都心に日用品を買いにいく。そのまま泊の「串豚」へ歩く。知り合いに何人か会ってゆんたく。焼きとんを食べたあとは、夜風に吹かれながら、牧志の「米仙」へ移動。一人でカウンターで寿司と日本酒。

2月21日　タイトルは『「居場所」をください』に決定

昼前に起きてゆし豆腐を食べる。夕刻まで原稿を書いて、引きこもり等の問題を抱える若者たちの居場所づくりをおこなっている牧志の「ｋｕｋｕｌｕ」へ。ぼくが原作を担当した、同所の漫画本（作画は田名俊信さん）の打ち合わせ。版元の世界書院を「再起動」させた社長の二木啓孝さんはリモート参加。タイトルは最終的に『「居場所」をください』に決まった。二時間近く打ち合わせをして、深谷慎平さんと上原岳文さんと安里の「鳳凰餃子」で晩飯を喰う。

2月22日　那覇の「隙間」で絶品中華を食す

昼前まで寝て、うどんを茹でる。夕刻まで原稿を書く。ジュンク堂書店まで散歩して、注文しておいた故・外岡秀俊遺稿集『借りた場所、借りた時間』を受け取る。釧路市の藤田印刷エクセレントブックスが発行。朝日新聞の名記者だった人は札幌市出身。ミニコミに連載していたものなどを編んだ一冊。読むのが楽しみだ。「別冊太陽」の「琉球・沖縄を知る図鑑」も購入。一階のカフェで森本浩平同店顧問と合流し、栄町の「アルコリスタ」へ。

琉球朝日放送の島袋夏子さんが遅れてやってきた。けっこうワインを飲んだのだが、餃子を食べようと誰かが言い出して、桜坂に最近できた「蛙吽《ワオン》」という中華料理店へ。路地と呼んでいいのかわからない道を進んだ建物の一階。一軒目に来ればよかったと思うほど美味い。店長は数カ月前に兵庫県の尼崎から移住してきたばかりだという。店はほぼ満員だった。島袋さんの同僚の藤原大樹さんがいた。

2月23日　「小雨堂」の店長とゆんたく

昼前に起き出して、冷蔵庫にあるものを片づけるために、焼きそばをつくる。食べ終わったらすぐに原稿にとりかかる。夕刻、「OPTICO《オプティコ》 GUSHIKEN《グシケン》」に寄って眼鏡を修理に出して、ジュンク堂書店へ。古書店コーナー（数店の古書店が棚を出している）で、『沖縄カルチャーブック』（一九九二）と『沖縄芸能史話』（一九七四）を購入。今日の古書コーナーの「店番」は浦添にある「小雨堂」の新垣英樹さん。いろいろ、ゆんたく。

後日、糸数慶子さんらが主催する沢木耕太郎さんの新刊『天路の旅人』についてのトーク＆サイン会があって拝聴しようと思っていたのだが、急遽、明日の午前に東京に移動せねばならなくなり、「生沢木さん」を見られなくなった。残念。ジュンク堂の森本顧問に、沢木さんへ拙著二冊を渡しておいてもらえるよう託す。

帰り道に空腹を覚えたので、一人で「米仙」のカウンターでもとめたばかりの『沖縄カルチャーブック—ウチナー・ポップ』をめくる。若かりし細野晴臣さんのスピリチュアルな文章に驚き、同じく若かりし島田雅彦さんの「沖縄ブーム」を斜に構えた視点で斬るインタビューをおもしろく読む。

2月24日　羽田空港へ移動

朝早く起きて洗濯。買っておいたゴーヤーチャンプルー弁当をあたためて食べる。洗濯物を室内に干してから那覇空港へ。短い滞在だった。この期間で韓国の連続ミステリードラマ『昼と夜』を全話観終わったが、主演のナグムン・ミンの画像をネットで見てみると、正統派美青年といったかんじ。しかし、今作ではかなり減量したのだろう、減量中のボクサーのような、やさぐれた刑事役がハマりすぎていて、顔芸といっては失礼だが、台詞は極端に少なく、表情の作り方だけで場面の空気を切り替えていってしまう役者としての凄味を感じる。羽田空港に昼に到着し、立ち食いそばをたぐる。

2023年4月

4月25日

羽田空港に早めに着いて、農業や、猟で獣を撃つ仕事もする異色の朝日新聞記者・近藤康太郎さんの『百冊で耕す――「自由に、なる」ための読書術』（二〇二三）を読む。本の読み方の方法論のようなものにいつも悩んでいるぼくにとっては格好の本。おもしろい。フライト中はNetflix制作の韓国ドラマ『ザ・グローリー――輝かしき復讐』（シーズン1）を観る。高校時代に受けたいじめ（虐待）の報復をおこなっていく、加害者たちの複雑な感情のストーリーに引き込まれる。

空港から泊の「串豚」へ直行。仲村清司さんと普久原朝充さん、池田哲也さんがすでに飲み始めていた。今日は焼き魚や煮魚がある。店主の喜屋武満さんが仕入れた純米酒に、魚に合わせるためにつくったという「尾瀬の雪どけ」があったから、急遽、魚をメニューに入れたのだそう。酒も魚も文句なし。安里の自宅に戻ってから、仲村さん――拙宅に泊まることになっているので――芋焼酎「DAIYAME《ダイヤメ》」を島豆腐でちびちびとやりながら話し込む。今回は東京にWi-Fiのルーターを忘れてきたことに気づいた。どうしても必要なときはスタバかどこかに行けばいいか。

4月26日　仲村清司さんと「あかね食堂」

昼前に起き出して、仲村さんと「あかね食堂」へ。ぼくは、ちゃんぽん、仲村さんはカツカレー。牧志のパラソル通りにある、ジャン棚原さんのコーヒーショップスタンドで、また昨日に続いて「おとん」の池田さんと合流して世間話。そのままぼくは付近の古着屋を見て回り、革のハーフジャッケットを数千円で購入。そうとうに年季が入ったやつだ。

自宅に帰って『グローリー』を観続け、ラストまで観る。シーズン2へ向けてたっぷりと余韻を残した幕の閉じ方。罰せられることがなかった重い犯罪への報復とは何かを考える。あるいは、被害者遺族が望んだ罰以下の判断を司法がした場合、かつ加害者が何の反省もせず開き直っている場合、殺された側はどうすればいいのか。

飲み薬を一錠落としたような気がして、一時間以上、床掃除をしながら、汗だくになりながら探し回るが見つからず。ほんとうに落としたのか。落とした音が聞こえたような気がしただけか。もしこの床を這い回る様を誰かが見たら半狂人のようだろう。強迫性の神経症とラベリングされてもおかしくなかろう。

4月27日　宮沢和史さんと二〇年ぶりに会う

昼前に起きて、冷蔵庫にあった卵と野菜と鶏肉でカルボナーラを自炊。一四時すぎまで仕事をして、新都心へ出かける。

昨年の「沖縄書店大賞」の授賞式。祝辞を述べに来場された玉城デニー知事（控室に早めに来られていた）とゆんたく。授賞式後、沖縄部門優秀賞者の宮沢和史さんとも二〇年以上ぶりにご挨拶。ぼくのこと（二〇年以上前に「週刊朝日」でインタビューしたこと）を覚えていてくれて、かつその後に出した拙著も読んでくださっていた。

浮島通りへ歩いて向かう。途中で「OPTICO GUSHIKEN《オプティコグシケン》」で眼鏡を新調。その足で空き地の珈琲屋台「ひばり屋」で蚊と闘いながらうまいカフェオレをいただく。次に「ブンコノブンコ」へ歩いていって、垂見健吾さんが自身の集大成とおっしゃる大部の新刊『めくってもめくってもオキナワ』（二〇二三）を購入。「ブンコノブンコ」では写真家の平田真季さんの作品（琉舞を撮影したもの）の展示をしていた。

そこで、宮沢さんの著書『沖縄のことを聞かせてください』（二〇二二）の担当編集者・安東嵩史さんと合流して、「浮島ブルーイング」でクラフトビールを飲む。そこへジュンク堂書店の森本浩平さんも合流。栄町へ移動して「Refuge《ルフュージュ》」へ。二人はそこからはしご酒へ。ぼくは帰宅。

4月28日　深谷慎平さんと餃子を食べる

レトルトカレーをアレンジした料理をしていると、マンションの汚水管工事（薬剤を汚水管に流し入れる）の一環で各戸を工事業者が拙宅にやってきた。二〇分ほどで終了。知人から高江洲忠さん（育陶園）作陶の壺屋焼きの七寸皿をいただいたので、それを使ってレトルトカレーを食べる。一般的には「やちむん」と呼ばれるが、歴史は複雑である。一七世紀の初期に薩摩藩の治政下に置かれた時代、琉球王府は薩摩から朝鮮人陶工を招いて、朝鮮式陶法の習得に力を入れ始め、広がったのが始まりだ。高江洲忠さんは六代目になる。

仕事をそのまま続けて、夕刻に深谷慎平さんと合流。安里三叉路の「鳳凰餃子」、久々に栄町ロータリーの「トミヤランドリー」へ。ちょっと前までは寿司屋だったが、業態をもとに戻しモツを中心にしたメニューに。グループ店オーナーの松川英樹さんも厨房に立っていて、いろいろ話す。チーイリチャーとチーズを混ぜてパテ状にしたものなど、食材の組み合わせの妙は松川さんがこれまで手がけてきたどの店でも味わえるが、このセンスは天才的だ。「りうぼう」に寄って食材を買い込んで帰宅。

4月29日　裴奉奇さんのこと

ちゃんぽん（もちろん沖縄風）をつくり、食べる。本棚を整理していると、洪玧伸《ホンユンシン》さんの『沖縄戦場の記憶と「慰安所」』（二〇一二）を見つけてぱらぱらとめくってみた。先日、東京で山谷哲夫監督のドキュメンタリー『沖縄のハルモニ』（一九七九）を観る機会があった。従軍慰安婦として沖縄の渡嘉敷島で性奴隷として扱われ、戦後も渡嘉敷島で一人でさとうきび畑の中で隠れるように暮らしていた裴奉奇《ペポンギ》さんの肉声を初めて聞いた。鳥肌がたった。彼女に関する本や記事はたくさん読んできたが、彼女がだんだんと言葉に精気を取り戻していく過程は貴重な記録である。

山谷監督のインタビューに品がないどころか、彼女といた朝鮮人慰安婦のことをたとえば「あの人はプロであの人は素人」のような野蛮性と暴力性を帯びた発言が随所で散見され不愉快な気持ちになったが、肉声が残されているのはこの映像しかない。彼女をケアしてきたのは、沖縄で数人の人と、朝鮮総連沖縄支部のスタッフだった。当日は、いまは総連支部は沖縄にはないが、当時、支部を切り盛りしていた、いまも那覇で暮らし続けている金賢玉さんのトークもあり、さとうきび畑の中の小屋から那覇市内のアパートに移転させ、亡くなる前に「花はきらい」と周囲に言っていた彼女が、自身で花を買っていくようになったエピソードは胸に詰まるものがあった。

今日は外出せず仕事をすることにした。晩飯は、少しでもダイエットしようと、豆でつくったパスタを茹でた。小麦のパスタに慣れているので、あまり美味しくは感じないが……。仕事はひたすら本を読むこと。二人の編集者と電話で話した以外、誰とも会わず。仕事で本を読む合間にチャールズ・ブコウスキーの『町でいちばんの美女』(青野聰訳、一九九四)を書棚から取り出して、いくつか短編を読む。先日、落として失くしたと思っていた錠剤をぐうぜん見つけ、洗って飲んだ。

4月30日　ひたすら資料を読む

一〇時ぐらいに起きて、昨日つくった豆のパスタをフライパンに残しておいたのであたためて食べる。食後はただちに仕事にとりかかる。

同じジャンルのルポや専門書などを十数冊積み上げて、三冊ぐらいを並行して少しずつ読み、参考になる箇所は付箋を付けたり、ノートに抜き書きしていく。夕刻になり、近所の「すみれ茶屋」へ晩飯を喰いにいく。日曜日なのにあけてもらった。いまの時期、沖縄は近海物の本マグロが美味いので、赤身と中トロ、大トロを刺身で。これに日本酒やらを合わせる。箸休めで竹の子の煮物に、大量の小松菜を別に煮たものを合わせた一皿。テビチなどの豚肉を煮込んだもの山椒漬けも出た。毎月、兵庫県からやってくる常連さんもきて、主の玉城丈二さんとわいわい飲む。土産に、本マグロのあらを煮つけたものを保存容器に入れて持たせてもらう。帰宅して新玉葱と葱を電子レンジで加熱して、マグロのつけだれの中に投入。

2023年5月

5月1日　家で仕事

九時すぎに目が覚める。昨夜いただいたマグロのあら煮をおかずにパックの白飯を食べる。食べ終わってコーヒーを飲んだあと、昨日の続きの仕事にとりかかる。参考にする本からの抜き書きは目と手が疲れる。今日は外出しないでこの作業を続けよう。

5月2日　「隠したい過去」って何だろう

すがすがしい晴天。冷蔵庫にあるものでなんちゃって沖縄そばをつくって食べる。バルコニーに出てみると風も気持ちいいので、窓を開け放って、仕事。これからインタビューすることになる人の書いたものや発言を読み、質問を練り、メモをつくる。夕刻まで読書。このところ、哲学者の故・池田晶子さんの著作を一〇冊以上、並行して読んでいる。

朝日新聞デジタル（二〇二三年五月二日付）の『隠したい』元SEALDsの過去　若者の声を封じるもの」という記事は違和感というか、それ見たことか、国に楯突くと公開するぞという――実名報道を拒む若者がいることは事実だったとしても――報じる姿勢に権力者側からの視線を強く感じた。以下に引用する

「シールズは左翼!」「就活大丈夫なの?」活動中に浴びたネット上のはバッシングや嘲笑。自分の名前をネットで検索すると、マイクを握る八年前の動画が出てくる。職場の人に知られたらどう思われるだろう。「声を上げた自分を今でも誇りに思う。ただ、街頭に立つことはもうないでしょうね」取材の別れ際、何度も念を押された。「記事にする際は、名前も職業も書かないで下さいね」と。一〇人を超える元メンバーに取材した。その半数以上が、かつての活動を「隠したい」と答えた。

バスで浦添のメイクマンに出向いて、植物の鉢を二つ。枯れてきた植物の鉢に植え替えをするため。文房具等も揃っているため筆記具を買いもとめ、メイクマン内のカフェでしばし仕事。植物を抱えてバスで帰宅。植物と荷物を部屋内に置いて栄町の「おとん」へ。普久原朝充さんと合流。しばらくあとに、森本浩平さんもやってきた。二軒目は前島に移動して、その名もド直球な「甲子園」というお好み焼き店に。兵庫県長田の名物・そばめしを久しぶりにいただく。焼きそばもお好み焼きも美味かった。地元のグルメ番組で紹介されたらしい。前島の猥雑な町をしばし歩き回っていると、日付をまたいでいた。自宅の床がひんやりして気持ちよくてそのまま寝てしまった。朝方にベッドに這い上がる。また寝る。

5月3日　生きるために描く画家を記録したドキュメンタリー

曇天。二日酔いなのだが、一〇時すぎに目が覚めて、炊いておいた長粒米にレトルトのカレーをかけて食す。昨日買った植物の植え替え作業や、バルコニーの掃除を昼過ぎまで。洗濯。一四時をすぎて仕事にとりかかる。ゴミ捨て以外、部屋を出ず。

この春から共同通信配信で「深よみTV」という、地方局を中心に地上波やBSのドキュメンタリー番組を紹介していくコラムを月イチで担当することになった。月イチだが、毎月できるだけたくさんのドキュメンタリーを観る生活がしばらく続く。良作が多い。テレビマンの良心を感じる。毎月、共同通信加盟の三十数紙の各地方新聞に配信される。四月は二〇日前後に初回が配信された。多少の加筆をして紹介したい。

西村一成という画家を約一年にわたり、ディレクターがカメラを携え密着したETV特集「人知れず表現し続ける者たちⅣ」(NHK・Eテレ、三月四日放送)。西村は当時四四歳。映像冒頭から息をのむのが、想像を超えた制作風景である。奇声ともうなり声とも、身体から発する地の割れるような、西村の「生《せい》」の音が、カンバスにたたきつけられた絵の具のただれるような様相と相まって降霊めいた空気を醸し出す。

その絵はシュールレアリスムと呼ぶのが陳腐に思えるほど、見る者に挑みかかってくるような破壊力と、本人の無意識をむき出しにしている。イノセントさを感じさせながらも、どこか暗く重たい「死」の気配が漂う。

西村が欠かさずつけているノートから抜粋した「語り」も挿入される――誰一人として、

心の本音を語ったことがない。誰にも語らなかった物語をカンバスの前でつぶやく。カンバスよ、うなり声を受け止めておくれ――。

この「人知れず～」シリーズは二〇一七年から始まった。題材は「アール・ブリュット（生の芸術）」と呼ばれるジャンルの画家で、体系的な美術教育を受けておらず、作家の大半が知的障害や精神障害がある。

西村も東京で音楽の勉強をしていた二〇歳ぐらいの時期に、精神の不調が現れた。急性期は希死念慮にとりつかれ、以来、名古屋市内の実家からほとんど出ることができず、個展時にも在廊をしない。実家の自室がアトリエであり、母親がサポートしている。飼っている愛猫にときどき話しかける。

社会に自身が出て行く「欲」は感じられず、「生きる」ためだけに絵を描き続けている気迫はすさまじい。そして、季節が巡るにつれ、西村が取材者に気を許していく過程がなんとも見る者の気持ちを和ませる。

5月4日　谷川雅彦さんとセンベロ寿司

豆パスタをレトルトの具で適当に和えて食す。具とのとりあわせがよかったのか、今日はとても美味しい。自室でスクワットを五〇回やってからパソコンの前に座る。運動不足なので、一日おきぐらいにやるようにしている。しばらく仕事をしたのち、「OPTICO GUSHIKEN」から度入りレンズの眼鏡ができあがったと連絡があったので、「ジャックデュラン」のそれを取りにいく。そのまま、むつみ橋のスタバで仕事。久しぶりに「米仙」に行ってみると、二代目の若き大将が気合を入れて、さあ今日は早めに開店、というところだった。

飲んでいたら、肩を叩く男性が。谷川雅彦さんだった。部落解放同盟のシンクタンクのトップ。ゴールデンウィークは那覇に行くよと聞いていたのだが、「藤井さんがしょっちゅうここで飲んでいると知っていたので」通りかかったら、案の定ぼくがいた、という次第。谷川さんも席について飲み、二軒目は栄町の「おとん」へ移動。不動産コンサルタントの増田悟郎さんら知り合いが何人か。

5月5日　読書の一日

二日酔いはない。インスタントのビリヤニを湯煎して食す。期待していた味ではなかった。ソファで読書をしていたらいつの間にか寝ていた。腹が減ったらレトルトカレーを食べて、ひたすら読書。一人で本を読むのは自分にとっては最高の贅沢かもしれない。携帯電話も触らない。外に出かけるのもめんどうになり、一日中、部屋で過ごす。

5月6日　宮沢和史さんについて書いた二〇年前の記事を読み直す

九時すぎに起きて昨日の残りの長粒米にレトルトカレーをかけて食べる。コーヒーを飲んで読書。途中、うつらうつらしていると、宅急便で目が覚めた。ふと思い立ち、過去に書いた雑誌の切り抜きのファイルをつっこんである箱を引っ張り出して、宮沢和史さんにかつてインタビューしたものをさがしたら、あった、あった。あっけなく見つかった。ときは一九九二年一一月二〇日号の「週刊朝日」。彼がロックバンド「THE　BOOM」活動の他に、アジアからダンサーら出演者が集まった『ナガランド』というオペレッタに、日本からただ一人出演していたときのものだ。

先日、二〇年以上ぶりにお目にかかった宮沢さんのことを「AERA」の「現代の肖像」で書くことになり、一度目に会って書いた記事を読もうと思っていたのだ。次のような記事だ。


遠い国「日本はアジアの中でアメリカと文化や生活スタイルが最も近いようにいわれているけれど、それは幻想だなあ。ぼく以外は、完全にイングリッシュスピーカーだし、日常のスタイルやマナー、考え方がほとんどアメリカ人みたい。生活の中に常に英語がある。日本には、アメリカの音楽やモノが溢れているけど、実はアメリカからうんと遠いんだな。ぼく以外の人間は、英語の歌の心を、自分の言葉として瞬間的につかみ取っていた。うらやましかった」

アジア・ポップス界の旗手の一人、シンガポールのディック・リーが原作・主演するポップ・オペレッタ「ナガランド」の稽古に参加したのは七月初旬。自分たちのコンサートが終了した翌日、単身、シンガポールに飛んだ。アジアからのみ集められたメンバーの総勢は二二人。国籍はシンガポール、マレーシア、フィリピン、中国、そして日本。

「周りが英語ばかりだと、ぼくもひょっとしたらしゃべれるようになるかもしれない。そう思った。突っ込んだコミュニケーションがしたかった」

唯一の日本人メンバー。今年（一九九二）の春、雑誌でディック・リーと対談し、のち、スタッフに抜擢される。そのとき二人は誌上で「新しいアジア人のアイデンティティーと音楽」について語り合った。自身を含む現代のアジア人は「黄色いバナナ」とリーはいう。見かけはアジア人だが、皮をむくと西洋化されていて白い、という意味。いっそ、それを前向きに肯定しちまえという思想が「ナガランド」には込められた。

アジアの大都会で暮らす青年が、不思議な夢の啓示を受け、伝説の島「ナガランド」を訪れるところから物語は始まる。島の娘との恋愛、やみくもな西洋化に反対するクーデター、島にまつわる神話世界などが織り込まれ青年は過去のしがらみから解き放たれ、「もう片方の自分」を発見する。

「もちろん、ストーリーや楽曲も素晴らしかった。ディックのいうオリエンタリズムは、西洋化を批判するものではない。たとえば、ナガランドの音楽は西洋です。アジアの要素っていうのはときどき入るパーカッションぐらい。ぼくは、彼のいうことを日本でかわりに訴えるつもりはまるでないんです。ただ、〝バナナ〟のことでは、ぼくはどうしてもコンプレックスを感じてしまう。そこを言葉で説明した。ぼくがもがいている様子をステージで見せて、間接的に伝えていく表現方法をとりがちだった。けど、ディックはポップに前向きに表現していたなあ。ぼくにはそういう才能が不足している。そんな気がする」

中学時代にYMO（イエロー・マジック・オーケストラ）を聴き、将来ミュージシャンになりたいと決意した。THE BOOMを結成したのは一九八六年一一月、東京の私大に在籍していたとき。翌年（一九八七年）七月から原宿歩行者天国（ホコ天）で約一年半にわたって路上ライブを続けた。レゲエ、ブルース、スカ、R&Bなど多岐にわたる音楽要素を取り入れていった。

「沖縄民謡にのめりこんだのが、一九九〇年ごろ。知り合いが沖縄民謡のオムニバステープをくれたのがきっかけで、繰り返し聴いているうちに懐かしさが込み上げてきて、心がふるえて仕方なかった。民謡は繰り返しの音楽で、曲にそんなに極端な変化があるわけじゃないけど、ただ永遠に聴いていたいという衝動にかられた。ぼくの持っている時間を超越してしまうような感覚とでもいったらいいんでしょうか。それは初めてボブ・マーレーを聴いたときの感触に似ていた」

友人のだれかが沖縄に旅すると聞けば、沖縄音楽のテープを買ってきてほしいと頼み込み、むさぼるように聴いた。そして、音楽を聴くだけではすまず、沖縄という島が持つ歴史や文化にも関心を寄せていく。コマーシャリズムが植えつけてきた「青い海とサンゴ礁」というだけの沖縄のイメージが、悲しい史実や現実によって覆されていく。

「自分の無知をさらけだすようで気がひけるんですが、初めは沖縄そのものじゃなく沖縄の音楽が好きになったんです。本土との関係についてはほんと無知だった。でも逆に無知だったからこそ、歌えてしまったといえるかもしれない。知っていたら怖くて歌えなかったかもしれない。いまになってこんなことをいうのもどうかと思うんですが、沖縄の歴史をきちんと知ろうと思ったのは、音楽が好きになってからこそなんです。ガチガチに知識を抱えれば沖縄の唄が歌えるといえるのかどうか……」

沖縄について知りたいという欲求が高まるほどに、逆に打ちのめされた——。THE BOOMのファンクラブ誌「エセコミ」に彼はこう書く。歴史的に繰り返される沖縄の悲劇、民族音楽を生む独特の風土、戦争、海洋博、サンゴ礁の埋め立て……。自分があまりにも無知だったのが悲しくて腹立たしい——。それから現在にいたるまで、何度となく沖縄の地を踏むようになり、そのつど、島唄を求めて離島を渡り歩く。

「一九九〇年の十二月でした。沖縄に滞在しているときに書いた曲を初めて沖縄の人たちの前で歌った。沖縄とぼくらの間には見えない障壁がある。それを飛び越えたい。もっとフラットな付き合い方をしたいという気持ちでした。最初に聴いてくれたのが若い人だったということもあって、うまくいったと思ってます。ぼくの三線《さんしん》がどう映るのか若干怖かったんですけど、ぼくのオリジナル曲として自信があったので、それをぼくの歌として純粋に聴いてくれたら、恐怖感はクリアできると思っていました」

目に見えない障壁とは、沖縄と本土の歴史に関係がある。第二次世界大戦で日本は沖縄を切り捨てることにより、生き長らえようとした。利用するだけ利用して、いざとなったらさっさと犠牲にする。

戦後、本土の音楽家は沖縄の音楽に注目し、幾人もがそのエッセンスを吸収しようとした。しかし、沖縄側から見れば、それは戦争のときと同じ搾取だった。

「ぼくにとって喜納昌吉さんの存在が大きかった。彼は沖縄民謡をロックとかとアレンジして、沖縄からこっちへ音楽を発信してる。『もっと普通にやろうよ』って向こうから叫んでくれた。それを聞いて、じゃあ、許しをもらったんだって思った。喜納さんがいうとおおらかに聞こえるんだけど、ぼくが言葉にするとクサくなっちゃうけどね。人間同士でいがみあったり、ミュージシャン同士も悪口いいあったりしているけれど、そんなのばからしい。地球がぼくらのステージなんだから、自分をあまり小さくしないで音楽をやっていけばいいんだという自信をもらえた」

喜納さんの話「私は沖縄から東京のミュージシャンに向かって自分のエネルギーを無条件に放射していたんですね。それをいつか、だれかがキャッチしてくれるだろうと思っていた。私の音楽に触れてくるミュージシャンがずいぶんいたんだけど、私という存在そのものは避けてしまうんですね。だから、私はミュージシャン不信になってしまっていた。でも、宮沢君はぶつかってきた。私がエネルギーを投げるとそれ以上に返してきた。彼は沖縄の音楽をコピーするだけではなく、魂もコピーしているのだから、彼の音楽は彼のオリジナルなんだ。最初、彼の『100万つぶの涙』を聴いたとき、どうしても私の『ハイサイおじさん』のパワーが入っているのかと思ったよ」

「喜納さんからもらった言葉やパワーって忘れるほどたくさんあるんですが、〝魂までコピーできたらそれはその人のオリジナル〟っていうのがあって、その土地に行って土や花に触れて、ぼくのアースが地面に根づけばいいんだなって解釈してます。

でもまだぼくはその過程にいて、まだ観光客の域じゃないかな。おみやげ買って帰るようなね。ぼくの『島唄』という歌は、ぼくが沖縄でもらったもののお返しができないかなと思ってつくった曲なんです。今度、その『島唄』が沖縄の泡盛のCMで使われることになったんですよ。伊波さんという沖縄在住の映像作家の人が気に入ってくれたんです」

伊波正文《いはまさふみ》さん（三一）の話「たまたまなんですが、宮沢君が喜納さんの唄をカバーしているテープを聴いて、喜納さんが発しているものに応えているなあと直感的に思った。そこでぼくが、沖縄の泡盛の老舗『瑞穂』の人に聴かせたら、ぜひ使おうという話になったんです。彼の歌のさびの部分をウチナーグチ（沖縄言葉）に直して、（一九九二年の）九月末から沖縄だけで流れています。民謡と並ぶ沖縄の心である泡盛のCMに、本土の人間がつくって歌う曲が採用されるのは前代未聞です」

喜納の「彼は、沖縄をエスニック料理を物珍しさで食べるように利用するだけでなく、一緒に世界に出ようとしている」という言葉は、沖縄の若者たちが『100万つぶの涙』や

『からたち野道』を聴いて、沖縄戦を連想したという姿を思い出させる。沖縄人の痛みを痛みとして受け入れる宮沢の愚直ともいえる姿勢を表してはいないか。

「ぼくはアジア志向だっていわれる。たしかにそのとおりなんですが、今回、アジア各国の人たちと共演してみると、アジアとか、西洋とか、ナショナリティーとかいう考えから出発するんじゃなくて、一人一人の個人が面白いかどうかが大事なんだって気がつく。日本人として参加しているのは紛れもないことなんですけど、だからといって日本代表でもなんでもない。

アジア人のアイデンティティーという前に、個人としてどう生きていくかが問われたような気がする。

その記事の撮影は当時、しょっちゅうコンビを組んでいた山田茂さんだ。二〇年前の自分の記事を読んでいろいろなことを思い出した。宮沢さんも「沖縄」への入り口の一つが喜納さんだったのだ。ぼくもそうだった。喜納さんとはその後、ぼくが二拠点生活を始めるようになってから、故・岡留安則さんが経営していたバーで再会、以後、そのバーで何度か会ったが、当時は民主党が政権を取ったときで、喜納さんも沖縄県選出の国会議員として活動を始めていた。その後、自民党に政権を奪還されてから喜納さんも国政から姿を消したが、会うたびに言い争いになり、疎遠になった。前にも書いたが、喜納さんは自民党政治家やネトウヨ候補者の応援を公的におこなったりするなど、政治の党派性よりも優先する何か――友人とか血縁とか――を見せつけられた。がっくりはしたが、それはそれで、そういうものだろうというパンドラの箱にぼくは蓋をした。
夕刻、ドキュメンタリー映像監督の松林要樹さんと栄町で会う。「おとん」が連休中の最終営業日なので一七時に一人で行って、松林さんを待つ。店の知り合いが恩納村で今朝採ってきたばかりのモズクを差し入れてくれていて、早く店に来た数人だけご相伴に預かる。潮の香り。そのままにしておくと溶けてしまいそうな新鮮さ。松林さんから最近の彼の仕事の状況を聞く。「ちぇ鳥」に移動して絶品の焼き鳥を数本いただく。

5月7日　大雨で外出せず

昼近くに目を覚ます。気分が重たくなるような曇天。ニラを大量に入れた焼きそばを自炊。洗濯機をまわし、抜き書きをしながら読書。午後になって大雨が降ってきた。外出せず。誰とも話さず。

5月8日　盟友は「PFAS」問題に取り組んでいる

曇天。豆パスタをクリームソースと和え、野菜をボイルしたものと食べる。食後、原稿にとりかかる。近所で家の解体工事が始まっていて、うるさい。夕刻に家を出て、琉球朝日放送の島袋夏子さんと安里の「鶴千」で一杯。彼女とはもう二〇年以上の付き合いになるが、米軍基地が垂れ流しているといわれる有害物質（PFAS）の調査報道に全力を注いでいる姿はすごい。報道者としての熱量は昔から変わってない。いまは事業部にいて、ウクライナの歌姫といわれるナターシャ・グジーさんのコンサートを満員（約一〇〇〇人）にした仕事を終えたばかり。家が近くなので、途中までいっしょに歩いて帰る。ぼくだけ「すみれ茶屋」に寄り道して、沖縄近海ものの本マグロを、醬油と米酢につけて、漬けのようにしていただく。常連さんたちは、沖縄の料理の「正しい」食べ方について各持論をあれやこれや口角泡飛ばすかんじで話している。

5月9日　沖縄の子どもたちの生活を伝える

早朝覚醒してしまい、二度寝したら正午まで寝てしまった。昼過ぎまで仕事をして夕刻から引きこもりの子どもたちなどの支援をする「ｋｕｋｕｌｕ」の事務所に行き、もうすぐ見本が出る、世界書院発行の『居場所をください―沖縄・ｋｕｋｕｌｕの学校に行けない子どもたち』の今後の展開について打ち合わせをする。「ｋｕｋｕｌｕ」に参加している子どもたちの生活史を漫画にした。ぼくは原作を担当した。漫画家の田名俊信さんが作画。クラウドファンディングで資金を集めたので、そのリターンについても確認することがたくさん。

夜は、京都から仲村清司さんがやってきたので――週に一回の沖縄大学の授業のため――安里三叉路の「鳳凰餃子」で合流。池田哲也さんや普久原朝充さん、森本浩平さんも集まってきた。池田さんは一軒目で離脱。二軒目は斜め前にある大分料理店「勝男」へ。そこで森本さんの友人の弁護士かつタレントの福本龍之介さん（オリジン所属）が合流。三一歳。司法試験一発合格だとか。すごい。キャラも濃い。仲村さんは拙宅で一泊。

5月10日　「沖縄」との二拠点生活を再び考える

昼過ぎまで寝て、栄町のカレーショップ「カリガリ」へ。本店は東京の秋葉原にあって、昼間だけ居酒屋を借りて営業している。名物のユキノスカレーを食べる。ルーの上にたっぷりとグラナ・パターノというチーズのふわふわの削り立てがこんもりと鶉卵といっしょにのっている。鳥の巣みたい。そのあとは、仲村さんは沖縄大学に行き、ぼくは安里川沿いにあるカフェ「good day for you 那覇」でしばし読書して、ジュンク堂書店へ歩いていく。

仲里効さんの『沖縄戦後世代の精神史』(二〇二二)を購入。同店のエグゼクティブプロデューサーになった森本浩平さんと合流して、同店のYouTubeチャンネルを三回分収録。そのあと、ボーダーインクの新城和博さんと一階のカフェで待ち合わせて、一九時からの、拙著新刊『沖縄でも暮らす』をめぐってトークライブの打ち合わせ。打ち合わせしていたら、同じカフェに諸見里杉子さんがいて、ちょうど帰り際にお互いに気づいて、しばしゆんたく。

新城さんとのトークは一九時から本番だった。二〇人ほどの観客を相手に新城さんとしゃべっていたら、二拠点日記の片方が沖縄ではなかったら、二拠点日記という本は成立しえただろうかと思い浮かんだ。どんな土地にいても何かしら人は「考える」が、沖縄の磁場のようなものが、ソクラテス風にいえば「善く生きる」とはどういうことかを考えることをいやおうなく迫り、さまざまなヒントをくれているような気がする。しかし、沖縄を「自分探し」の道具にするのは嫌だ。帰りに普久原朝充さんと、あまり美味しくないラーメン屋でラーメンをすすって歩いて帰宅。

5月11日　空港で「キロ弁」を買ってしまった

朝から洗濯をして、荷物をまとめる。明日から、二日間は名古屋で仕事だ。

空港に着いて弁当を買った。おかずがたくさんのっていて、美味そうだなと買ったら、会計のときにご飯パックが付いてきた。うわ、しまったと一瞬思ったが、そのまま会計。ちゃんと眼鏡をかけて選ぶべきだった。それは沖縄名物の「キロ弁」だった。おかずの下はご飯ではなく、スパゲティが敷きつめてあった。肉野菜炒めと鶏の唐揚げが中心のおかず構成。おかずはなんとか食べきったが、ご飯は半分でギブアップ。

ふくれた腹をさすりながらNetflixの『サンクチュアリ―聖域』(二〇二三)という相撲ドラマを観る。おもしろい。が、惜しむらくく、準主人公の相撲番の若い新聞記者の文章がときどき挿入されるのだが、毎日のように相撲部屋に張り付いているわりに、相撲部屋や力士の成長を描く文章がステレオタイプすぎて、若干興ざめ。機内で全話、観終わる。

第四章　仲間と過ごす時間

2023年8月

8月4日　台風の合間にフライト

台風六号が沖縄を通りすぎたかと思いきや、また進路を変えて戻ってきた。五日は欠航が相次ぎ、六日も同じようにそうなるかと予想し、数日後に振替便を予約しておいた。が、六日の朝から運行状況をチェックしているとちゃんと飛んでいるではないか。が、ぼくが搭乗する便も飛ぶかどうかわからないため、早めに羽田空港に行き、カウンタースタッフに相談していると、ぼくが乗る二つ前の便にキャンセルが出ているため、そちらへ振り替えが可能だという。その時点では相変わらず「天候調査中」だったが出発はするらしい。もし着陸できない場合は羽田にUターンするという。ぼくは振り替え、離陸。結局、飛行機は上空で強風を避けながら、三〇分遅れで那覇に着陸。二カ月ぶり近くの沖縄だ。間隙を縫うようにしてたどりつけたかんじ。

空港からタクシーで栄町の「おとん」に直行。何店かは暖簾を出していたが市場界隈は真っ暗。「おとん」閉店後は森本浩平さんの自宅に移動。弁護士&芸人の福本龍之介さんも合流して、大喜利大会をやっているうちに深夜三時。外は風が強いなあという感じだったが、朝方にかけて暴風雨がひどくなっていった。ピューピューという風きり音でときおり、目が覚めるぐらいだった。トイレに行くときに電子レンジをふと見ると停電をした形跡を認めた。

8月5日　映画『遠いところ』を斜めから考える

一〇時に目が覚めてバルコニーを見てみると、鉢がいくつか倒れ、風雨が猛烈に暴れている。中央に鎮座させてあるガジュマルが髪を振り乱すように縦横左右に風に煽られている。今日は外に出ることができない、やーぐまい状態なので、家にあったインスタント食品を食べ、ちょっと片づけ物をしてベッドに横になっていると寝入ってしまった。

遅めの午後に起き出してそばを少し茹でて食べる。風雨はまだ勢いが衰えない。轟音のような風音。バルコニーの排水口に枯れ葉が詰まり、浅いプールのようになりかかっている。これはまずいと思い、濡れ鼠になりつつ、排水口あたりに手をつっこみ、枯れ葉を除去。大きな鉢の植物の枝が何本も折れている。ニュースによると避難している人もいるようだし、SNSをのぞくと知人の家の大きなガラス窓が割れて粉々になる被害を受け、家の中がたいへんなことになっている。

この間、ときおり考え続けたことがある。ぼくは『遠いところ』という映画のウェブサイトと公式パンフレットに解説コメントを書いた。それはこの日記でも書き留めた。激賞するようなコメントではないが、この現実を知ってほしいという意味合いで映画に対して肯定的な立ち位置で書いた。あるとき、この沖縄の若者の貧困問題に精通している教育学者の上間陽子さんがＳＮＳで厳しく映画を批判していた。どうやら彼女の著作『裸足で逃げる』（二〇一七）を当初は映画化したかったようで、数年前から交渉があったようだが、上間さんは工藤将亮監督のオファーを拒絶した経緯があるらしい。ちなみにぼくは工藤監督からは東京での上映後のトークライブのお相手として声をかけていただいたが、スケジュール上無理だったので辞退した。だから面識はない。

上間さんのＳＮＳから一部を引用する。

「（主人公の）アオイを攻撃するひとをすべて沖縄の人間にした時点で、自分を安全圏において、沖縄が自家中毒みたいに暴力を起こしているっていう映画にしかならなかった」

「沖縄のひとに反省を促すという内容であって、沖縄に住んでもいない日本人がやっているという意味で、暴力の再演だと感じます」

表現物に賛否両論があるのはとうぜんだが、ぼくはこの上間さんの指摘に考え込んだ。この問題の背景にあるヤマト（本土）と沖縄の関係性が描かれていないことへの違和感。当事者ではない人間が、フィクションというかたちで、何をどう語るのか。難しい。

この映画に「おばぁ役」で出演していたベテランの沖縄出身の吉田妙子さんの舞台挨拶が『遠いところ』のウェブサイトに出ていた。沖縄では有名な女優だ。吉田さんの言葉にもぼくは考え込んだ。

六月一〇日の沖縄舞台挨拶にご出演いただいた吉田妙子さんから、本作へ出演した理由など語って下さいました。

Q. この映画について

「この映画は沖縄から『遠いところ』の、東京から来た人が作ったから撮れた映画だと思います。沖縄の人は問題が近すぎて撮ることができなかった。戦後七〇年以上経った今こそ、この問題に向き合えるようになってきました。戦後は女性の問題について発言することも中々できず今ようやく、この話について真剣に向き合う時が来たと思っています。

Q. 本作へ出演した理由

私たちが出来なかったこと、言いたくても言えなかったことを工藤監督が伝えるということを知り、二つ返事で『出演します』と言いました。

Q. 皆様へメッセージ

私は、戦争中捕虜でした。戦後、身体を売るとか、夜の仕事をするとかしか選択肢がない人を沢山みてきた。それしかなかった。今だからこそ、この問題が無くなるよう声を上げていきましょう。

東京から来た人だから、いま撮れたという主旨の発言の真意をどう汲み取ればいいのか。『沖縄アンダーグラウンド』を書いたぼくとしては、字面通り受け取ることは困難だった。沖縄で男性優位主義的な空気をときおり感じることがある。そんな中で沖縄の女性が置かれてきた状況を、背景として考えずにはいられなかった。この「女性」問題に蓋をしてきた原因について、戦後の沖縄を生き抜いてきた吉田さんならではの考えが迂遠なかたちで表明されているのではないだろうか。そう思った。沖縄で「内地」の人間が表現の仕事をすることの困難さは

いつも考えているが、今回も考えさせられることだらけで、解消することなく澱の様にたまっていくのだろう。

8月6日　古波蔵契さんの本を読む

広島に原爆が投下された日。九時すぎに起きると、風雨は昨日と変わらず。気鋭の歴史学者・古波蔵《こはぐら》契《けい》さんから那覇の拙宅宛てに新刊『ポスト島ぐるみの沖縄戦後史』（二〇二三）をご恵送いただいていたので、まずはお礼状を書き、ページをめくる。

今日もやーぐまいだな。インスタント食品を食べて雑務。休憩しようと横になるとまたも寝入ってしまい、携帯電話からの避難を勧告するアラート音で目が覚めた。一三時半。テレビはつけっぱなしになっていて高校野球を中継していた。外を見ると暴風雨の勢いはやはり変わっていない。殺人罪他で長期囚との文通をベースにしたノンフィクション『贖罪』を集英社（新書）から出版することになり、その仕事を始める。一度は断念した経緯があったが、諸事情が変わり、いろいろな条件を受刑者も納得をしてくれたので、再開に至った。〇時すぎまで書いて寝る。

8月7日　人気のセンベロ居酒屋へ行く

朝起きると風雨がほぼ止んできたので、そばを自炊して食べたあと、バルコニーの掃除や植木の剪定を原稿書きの合間におこなう。一瞬晴れ間が差したので洗濯。が、また曇天。風が吹き出した。

夕方まで仕事を続けて、「マックスバリュ」へ食料を買い出しに出向く。が、出たところでスコール。びしょ濡れで、むつみ橋のスタバで冷たいコーヒーを飲んで一息つく。そのあと、松尾の路地裏にあるセンベロ居酒屋「らう次郎」へ。ジュンク堂書店の森本浩平さんと、建築家の普久原朝充さん、写真家の岡本尚文さんと合流。つまみが美味い。ぼくの中でセンベロランキング上位。そのあと、徒歩で行ける桜坂の「たべのみや マシマロ」でハイボール。森本さんは毎日のように来ているそう。と思ったら、福本龍之介さんが登場。すぐ閉店になってしまったので、ぼくと普久原さんは離脱。あとのメンバーは松山へ消えていった。

8月8日 辺野古をめぐる詐欺事件

八時前に目が覚めて、島豆腐とゆで卵を食べる。すぐに仕事にとりかかる。今日はやーぐまいにして、原稿に集中する。腹が減ったら沖縄そばを茹でて食べよう。

「琉球新報」が「辺野古の米軍基地建設をめぐり一〇億円以上の詐欺トラブルか 沖縄県警が捜査」という以下のスクープ記事を出した。

名護市辺野古の米軍基地建設への参入をうたう投資を持ち掛けられた埼玉県の運送会社が一〇億円以上を詐取されたとの刑事告訴を受けて、沖縄県警が県内の海運会社などを詐欺の疑いで捜査を始めていることが七日までに分かった。辺野古新基地の建設が進められる中、基地建設を巡る巨額の投資トラブルが水面下で進行していることが明らかになった。

告訴の対象者は、沖縄県内の海運会社と投資話の仲介役となった五〇代の男性ら。埼玉県の運送会社は、海砂利を採取する船の購入費や、リゾート開発への出資として資金をだまし取られたと主張しており、沖縄県警は二件の告訴状を受理している。

告訴状などによると、埼玉の運送会社は仲介男性から、告訴された海運会社と沖縄のリゾート開発会社や鉱山の開発事業者を紹介された。運送会社は、海砂利採取へ船の購入費として、この海運会社に二〇二〇－二一年にかけて合計約5億円を支払ったという。


このテの贈収賄話は噂話ではたまに聞いていたが、「琉球新報」の取材力に刮目。辺野古で動く巨額マネーはズブズブになっていてもおかしくないので、継続取材を期待したい。

8月9日　居酒屋の主と昼からはしご酒

長崎に原爆が投下された日。朝早く起きたので、島豆腐を食べ、すぐに原稿にとりかかる。昼に取材が一件入っていたが延期になったので、昨日、「すみれ茶屋」の玉城丈二さんから誘われていた昼飲みに出かけることにした。

正午に待ち合わせして、まずは丈二さん行きつけの牧志の新天地通りの裏路地にある宮崎牛センベロの「百爆ステーキ」で飲み出す。そのあと、国際通りのれん街（旧三越）の中で昼から開いている寿司屋「魚寿司」で若い女性が握る寿司で飲む。このコースは丈二さんのいつものパターン。ここでギアが上がってしまい、また国際通りを渡りアーケード通りに入り、肉バルの「KEMURI」へ。ここも丈二さんの知り合いらしい。四〇分ほど滞在して表に出てぶらぶら歩いていると、知り合いとばったり。近くの「足立屋」で構成作家のキャンヒロユキさんたちが飲んでますと教えられ、顔を出す。

キャンさんやベテラン芸人の「ゆうりきや〜」の城間祐司さんらが飲んでいた。挨拶して一杯だけ飲んでいると、丈二さんが「栄町で歌おう」ととつぜん言い出し、タクシーでとっとと移動。丈二さん行きつけの「美人館」が休みなので、栄町ロータリー付近のスナックを丈二さんが物色し、古いスナックを居抜きで再オープンした「M」に入って二人でカラオケ。ぼくは小脳出血以来、場末スナックでマイクなしで生声で世良正則をがなるという「お約束」ごとはもうできないものだとなんとなく思い込んでいた。が、丈二さんに背中を押されやってみると、できた。腹の底から大声が出た。なんかうれしくなり、数曲を叫ぶ。ママさんはぼくと同い年。丈二さんはここをいたく気に入り「これから本拠地にしよう」と言いながら、ボトルをキープしていた。

かるく昼飲みのつもりがはしご酒になり、とっぷり日が暮れ、気づけば夜。台風の影響で魚や野菜がないスーパーの「りうぼう」に寄って、食材を買って帰宅。丈二さんは昼飲み後、自分の店である安里の「すみれ茶屋」を開けるつもりだったらしいが、けっきょくは飲み明かしてしまった。

8月10日　二日酔いは感じないが外出せず

一〇時すぎに目覚める。不思議に二日酔いは感じない。そばを茹でて喰う。すぐに仕事にとりかかる。今日はやーぐまいして仕事をする。

8月11日　『居場所をください』出版記念トークライブ

昼過ぎまで仕事をしてジュンク堂那覇店へ。原作を務めた『居場所をください——沖縄・ku

ｋｕｒｕの学校に行けない子どもたち』の出版記念トークライブ。企画者のＮＰＯ法人「ちゅらゆい」代表の金城隆一さんと作画の田名俊信さんとぼく。二〇～三〇人を相手に製作秘話などを披露。

終了後、牧志の「伝助」で屋外限定のセンベロコースを先の三人と宮城能彦さんと普久原朝充さん。「伝助」は美味しいのだが、センベロコースが物足りない。飲み物三杯はいいとして、つきだしのような小鉢だけ。すぐに久々に「米仙」に移動してセンベロ寿司。まもなく森本浩平さんも合流。そこで宮城さんと田名さんは離脱。

そのあと「天ぷら坂」の「テラコヤ桜坂本校」へ。「テラコヤ桜坂本校」は屋号のようなもので、一日のうちに二～三軒の店が「棚貸し」のようなかたちで営業していて、ぼくらが入ったのは「器とへんな酒 いっかち」。七～八人も入ればいっぱいになる店舗。トイレはもちろんない。牛乳焼酎やわさび焼酎など、各地の珍しい焼酎を取り寄せてある。それが「へんな酒」の所以かな。聞けば若きマスターは醸造学を大学で学んで、あえて他の店にはない品揃えを選んだという。福本龍之介さんらもあらわれ、またも大喜利大会。楽しいが、難しい。

ちなみに「天ぷら坂」とは、那覇市歴史博物館の説明を要約すると、壺屋から牧志に至る坂の通称。この坂に天ぷら屋が建ち並び、その名が付いた。かつてこの一帯は、「一松尾（ティーツチマーチュー）」・「二松尾（ターッチマーチュー）」と呼ばれる丘陵で、丘には墓が点在し、前の坂道は「ガマヌ下（シチャ）」と呼ばれたという。一九四五年一一月に、壺屋・牧志一帯が開放されて以降、那覇の人口が増加、坂に沿って、壕を利用した天ぷら屋が建ち、人々に食を供したという。

8月12日　営業で本屋を回る日

朝起きて素麵と島豆腐とゆで卵を食べる。昼に東京から、政治ジャーナリスト・二木啓孝大先輩と合流。ジュンク堂書店で待ち合わせたので、待ち時間に又吉栄喜さん・大城貞俊さん・崎浜慎さんという大御所が編集された『なぜ書くか、何を書くか―沖縄文学は何を表現してきたか』(二〇二三)をもとめる。

ジュンク堂書店前で合流。『居場所をください〜』は二木さんが復活させた東京・お茶の水にある世界書院が版元なのだ。つまりは社長と原作者で営業。二木さんが空港近くで借りてきたクルマの運転をぼくと交代し、まずはコザの美里にある宮脇書店へ。帰りに寄り道して、ぼくがかつて『沖縄アンダーグランウンド』の取材のために足を棒にして歩き回った吉原やコザ十字路からの照屋一帯等を歩いて見て回る。吉原はいまやゴーストタウンという言葉がふさわしい。

最大の特飲街だった八重島に当時の建物をそのまま使った「響」というカフェがある。ぼくの本も置いてもらっている。タンノイの年代物の巨大スピーカーから今日はビリー・ジョエルが流れている。丁寧に淹れた水だしコーヒーを味わう。カウンターを仕切っている妙齢の女性の所作や対応をじっと観察していた二木さんが「憂いを感じさせる」といたく感動していた。また来ましょう。

銀天街の豊里友行写真事務所を尋ねたが留守だったので、名刺にご挨拶だけ書いてシャッターに挟んできた。届くかしら。

次にイオンモール沖縄ライカムの中に入っている未来屋書店。その次は浦添パルコ内のHMVブックス。向かう途中に、かつての「真栄原新町」をクルマでのろのろと走る。半分以上が取り壊され、更地になっていた。地上から消え去ってしまうのは時間の問題だろう。そこから那覇市金城のイオンに入っている大熊書店へひた走る。

大熊書店で書店回りは終わりにして二木さんが泊まっているホテルにクルマを預け、予約時間に大幅遅刻して松山の「酒月」へ。深谷慎平さんがさきにビールを飲んでいた。料理はどれも秀逸で安定。主と二木さんは共に鹿児島出身なので、店をいたく気に入った二木さんは主と鹿児島弁で話し込んでいた。深谷さんとぼくは仕事上では、二木チルドレンといっていいほど長くお世話になっている。

店を出ると、かなり深い時間なのに、ジュンク堂書店の森本浩平さんを呼び出して、彼の自宅近くのバーで一杯飲もうということに。浮島通りの「THE DEPSY」をのぞくと島村学さんがいたので誘われるまま入り、店のカウンターを仕切る女性もいっしょに盛り上がる。森本さんには慌てて出てきてもらったので部屋着のまま。二木さんから聞く何十年という政治記者生活のエピソードがおもしろく、後輩たちは聞き入ってしまう。

二木さんは元日刊ゲンダイの編集長だが、そこからBS放送の会社に転身。その間にテレビやラジオの番組でコメンテーター業もこなした。そして、いまは世界書院というちいさな出版社を買い取って活動している。だから、いっしょに書店営業をしているわけ。えらぶってもいいようなキャリアだが、それがまったくなく、腰低く書店員に自社の本を説明している姿を見ているとアタマが下がる。明日、彼は東京に戻る。

8月13日 『D.P. 脱走兵追跡官』を観る

一〇時前に起きて島豆腐とゆで卵を食べる。今日はやーぐまいして原稿を書くことに決めた。昼寝したあと、Netflixで『D.P. 脱走兵追跡官』のシーズン1~2をタブレットで一気観してしまう。気づいたら深夜三時を回っていた。チョン・ヘインが主演。原作者の実体験に基づくウェブ漫画を実写化したドラマなのだが、「D.P.」とは「Deserter Pursuit（軍隊離脱者追跡）」を意味し、さまざまな理由で軍務を離れた兵士を逮捕する特殊部隊のこと。主役の兵役義務によって入隊した二等兵アン・ジュノ（チョン・ヘイン）は、軍隊内の悪質ないじめなど韓国の軍隊制度が抱える国家レベルの腐敗まで追及していく。

これを日本の映画界（エンタメ）で自衛隊や警察を対象にしてやるのは、いろいろな意味でムリだろうなあ。実際に性暴力事件や銃乱射事件等が起きているのだから、内部に顕在化した問題は氷山の一角のはず。日本は逆にほめそやして持ち上げる、権力をよいしょするような映画が大半。韓国映画の底力のようなものを感じつつベッドに横たわる。

8月14日　宮城正勝さんの本を読む

昼前に起き出して、島豆腐と素麵、茹でた野菜を食べ、原稿にとりかかる。ご恵送いただいたボーダーインク前社長・宮城正勝さんの『島嶼左翼はどこへゆく——沖縄的言説風景』（二〇二三）をぱらぱらと開く。仲里功さんや目取真俊さん、高橋哲哉さんらを批判されている。中江裕司さんがよってたかって左翼たちに糾弾されるのはおかしいと、中江さんを庇われている。対ヤマトを軸にした沖縄の言論状況は当たってはいるが、それだけでは閉塞感のみが蔓延するのではないかというのが宮城さんの主張なのか。本の帯には「否定的知識人との決別と思想の現在形」とあるが、沖縄で「左」といわれる言論や市民運動の中でも亀裂や対立がある。沖縄で月の半分でも生活をし、目を凝らせば、そういった状況も見えてくる。表層だけ見ていてはわからない。

夕刻で集中力が切れたので、コンビニで買い物がてら泊まで歩き「串豚」にオープンと同時に入る。なんでもこの建物が建て替えのために立ち退きを迫られているらしく、オーナーの喜屋武満さんが物件を付近で探しているようだ。知り合いの店も同様の理由で更新ができず困っていた。気をつけて街を歩いていると、築五〇～六〇年ほどのビルがあちこちで解体され、マンションなどが建築中だ。理由をあちこちで聞いてみるとオーナーが引退して、後継ぎの判断でこういう事態になっているらしい。

一人で飲んでいると、知念忠彦さんが「ここに藤井さんがいると思ったんだよねえ」と笑いながら入ってきた。談笑しながら安定の美味さの串で打ったモツを喰らう。すると、ジュンク堂書店の森本さんから連絡があり、合流。すると、東京在住の敏腕編集者・安東嵩史さんからも連絡が入る。一人で那覇に来たばかりで「藤井さん、那覇にいたら飲みませんか」。知念さんはパートナーがむかえにきたので、ぼくと森本さんは先日もいっしょに行った桜坂の「たべのみや マシマロ」へ。そこで安東さんも合流。

すると「器とへんな酒 いっかち」のマスターが入ってきた。「店閉めてていいんですか?」と聞くと、連絡をもらえれば数秒で戻れるからいいんですよ、と笑っている。飲んでいる途中に客が来たらしく急いで戻っていった。「マシマロ」を出たあと「いっかち」に森本さんと安東さんと行ってみると、宜野湾から来たという琉球の着物を着た笑い女性が一人だけ。「マシマロ」のママさんもやってきた。全員でわいわい話してお開き。ぼくは離脱したが、三人はどこかへ河岸を変えるために移動。

8月15日　朝方までネトフリを観る

終戦の日。昼前に起き出して島豆腐で卵スープをつくって食べる。沖縄をいったん離れる日が近いこともあり、やり残した仕事にとりかかる。今日こそ、やーぐまいして仕事するぞ。いちおうキリがついたので、Netflixの韓国ドラマ『サバイバー：60日間の大統領』を観始める。同名のアメリカ作品の韓国版リメイクなのだが、権力に無欲だった科学者がたまたま入閣し、テロで大統領が死亡、次の選挙まで大統領を「代行」すべき閣僚で生き残ったのは主人公のみという設定。朝鮮半島情勢に放り込まれる中で、自分が最高権力者であることに目覚めていく、官邸が目覚めさせていくという役者の演技がよい。全話を観て気づけば朝方。

8月16日　今日もこもって原稿を書く

昼前に起き出して島豆腐に韓国海苔や胡麻をかけて食べる。新書一冊分の原稿がほぼできたので、今回のミッションは果たしたかな。あとは第三者である編集者に読んでもらい、ダメ出しをもらう。ぼくは徹頭徹尾、自分で書かなければ気がすまないというタイプではない。信頼できる編集者に手を入れてもらったほうが確実によくなるし、自分の文章に手を入れられる――もちろん納得した上だが――ことに抵抗がほとんどない。今日もやーぐまいして原稿の確認。腹がすいたら冷蔵庫にある食材を適当に調理して胃の中へ放り込む。

8月17日　カレーライス弁当を食べて、東北へ向かう

七時すぎに起き、洗濯などをして那覇空港へ。カレーライス弁当のミニサイズを食べる。これから羽田を経由して東北へ向かう。東北の某都市には一九時には着く予定。

2023年9月

9月13日　新里堅進さんの本を買い集める

機中で藤本和子さんの『砂漠の教室』（二〇二三・復刻文庫版）を読み直し始める。青山ブックセンターの夏の選書フェアにこの数年参加をさせていただいているが、今年はこの本を選んだ。待望の復刻版だ。藤本さんの粗削りなスピード感とでもいおうか。それを味わっているうちに、夕刻に那覇に到着。湿度がすごい。汗がとまらない。

安里の拙宅にタクシーで向かい、荷をほどく。トートバッグに漫画家・新里堅進さんの作品をざっしり詰めて持ってきたので肩に食い込むような重さからやっと解放された。新里さんとは来月にトークライブをおこなう。ぼくと平良竜次さんで進行するのだが、その打ち合わせを今回の滞在ではおこなう。

新里さんの本は、新刊の琉球新報社刊の『死闘伊江島戦―不沈空母にされたシマ』（二〇二一）、『死闘伊江島戦―激戦下の女性たち』（二〇二一）以外は絶版になっているので、古本を買い集めた。べらぼうな値段をつけている古書店もあって、なるべく安価なものを探すためにオークションも含めてネットで探しまくった。

『跳べ！　虎十―琉球空手風雲録』（一九九六）、新潮社から一九八九年に出された『水筒―ひめゆり学徒隊戦記』（上下巻）の新装版、『白梅の碑《いしぶみ》　戦場彷徨編』（二〇二三）、『白梅の碑―野戦病院編』（二〇〇二）、『ケンちゃん日記―貧しいけど豊かだったあのころ』（一九九七）、『運玉義留』（一九八三）、第一一回日本漫画家協会賞・優秀賞をとった『ハブ捕り』（新潮社版・一九九一）等。

ぼくはたしか一〇代の頃に新里さんの作品を読んでいる。学校の図書館か何かで読んだ記憶がある。『はだしのゲン』と双璧で、ぼくは沖縄戦のことを新里さんの漫画でたぶん初めて知った。

栄町で岡本尚文さん、普久原充朝さん、森本浩平さんと合流。栄町交番の前にある「ここから」という焼き肉店に入る。前は違う店名だったが、内容は充実。いわゆる白肉系（内臓）が充実していて、しかも安い。つけダレが抜群にウマい。一通り喰い終わったあとは、岡本さんのクルマで前島に移動して、森本さんがすでに予約していたお好み焼き屋の「甲子園」でモダン焼きやとん平焼きと焼酎。店を出たあとは近くのスーパーで食材を買って、岡本さんのクルマで送ってもらう。シャワーを浴びてベッドに横たわったのが夜中二時近く。

9月14日 『関東大震災 朝鮮人虐殺を読む』の書評を書く

昼前に起き出してそばを茹でて喰い、パソコンに向かう。と、USBメモリを開こうとしたらデータが消えている。嗚呼。しばらく意気消沈。が、落ち着いて思い返してみると、どうしてもなければばならないファイルの入っているものではなかったので、あきらめることにする。一つ二つ、気になるファイルがあるのだが、バックアップをとった記憶があるので、早く東京に帰って確認したい。たかがデータの蒸発（と、業界ではいうらしい）、されどデータの蒸発。落ち着かん。

「中日新聞」で書かせてもらっている月イチ書評のゲラが出る。今回は名古屋にある出版社・風媒社の編集長である劉永昇さんの『関東大震災 朝鮮人虐殺を読む——流言蜚語《フェイク》が現実を覆うとき』(二〇二三)を取り上げて、次のような原稿を書いた。

今年は、一〇万人以上の死者を出した関東大震災から一〇〇年にあたる。しかし、その死者数の中に「朝鮮人が井戸に毒を入れた」などの「流言蜚語」=デマを信じ込んだ自警団などの日本人民衆、警察や軍によって虐殺された6千人以上とされる朝鮮人や中国人は含まれてはいないと思われる。また、朝鮮人と間違われて殺された沖縄などの地方出身者も多かったから、虐殺された犠牲者の数はさらに増える。こうした震災時に起きたジェノサイド(民族大量虐殺)の実相について、出版された江馬修や壺井繁治、中西伊之助、秋田雨雀などの小説をはじめ、当時の市井の人々が書き残した記録、新聞記事、先行研究等をきめこまかく収集・分析したのが本書である。

「流言蜚語」の出所はどこで、どうやって瞬く間に広まったのか。虐殺が横行した背景は何か。はっきりとは特定できないと著者は書いているが、根強い朝鮮人への差別意識を培養した帝国主義が民衆や警察や軍に浸透していたのは間違いない。たとえば、内務省警保局長が各都道府県知事宛てに朝鮮人の迫害を煽動する電文を送り、デマにお墨付きを与えている。高まりつつあった抗日運動への警戒から、「不逞鮮人」という言葉を使用したのも当局である。弾圧を受けていた日本人社会主義者と朝鮮人が結びつきを深めることも権力側はおそれた。

そういった政治状況もあって、ジェノサイドは関東大震災時だけではなく、その前後にも「流言蜚語」がもとになって、日本各地で起きていることも本書は明らかにしている。

本書は刊行の一年前にウェブサイトに連載され、また一冊に編んだ後も大手ウェブメディアで紹介された。連載中から今に至るまで、コメント欄には差別的な「流言蜚語」が溢れた。今年（二〇二三年）九月、朝鮮人虐殺犠牲者の追悼碑がある東京都墨田区の公園で差別主義者団体が「虐殺否定」を主張する集会を開こうとした。カウンターの身体をはった「声」で阻止されたが、それらの現象は本書で描かれた「虐殺した側」の日本人の意識とつながっている。そこにマジョリティである「日本人」が鈍感であっていいはずがない。

明治期、一五歳で日本へ留学し、二一歳で自殺した朴裕宏という青年に著者はページを割いている。支配と被支配、対立と抵抗の嵐が渦巻く中国と朝鮮、日本との狭間で宙づりになって生きた青年の胸中に思いを馳せ、瞠目せよ。そう著者は静かに語る。

（中日新聞、二〇二三年一〇月一六日夕刊）

森達也さん初となる劇映画『福田村事件』を新宿で観た。震災時の朝鮮人虐殺の実話を描いた話題作だ。場内は七～八割埋まっており、それが公開以来続いているというから、喜ぶべきことである。内容も史実とフィクションの境がわかりにくいところはあったが、よくできた映画だと思った。が、ところどころで日活ロマンポルノのように思えてしまう箇所があり、違和感を覚えた。これはたぶん、脚本家の荒井晴彦さんの主義で、エロスや「女」の情念を織り込んでこそ、映画なのだという信念なのか。

じつはクランクアップのあとに、ぼくは森さんと浅草と酒を飲んでいたとき、その荒井さんの脚本に納得がいかなくて衝突しているとぼやいていた。公開後もＳＮＳでぼくが感じた違和感と同じ感想を散見していたが、ウェブ媒体のインタビュー（インタビューアーは女性）でもそこを質問されていて、森さん自身は、「荒井さんと考え方が合わなかったから、そのあたりは荒井さんに聞いてほしい」という旨の発言をしていて、ちょっと驚いた。監督なのに。

二〇二四年七月に、集英社新書から出す『贖罪』の最終原稿を編集者の指摘にならって書き直していく。懲役二十数年の受刑者と、タイトル通り「贖罪」なるものについて意見を交換し合った文通をベースにしたノンフィクションだ。ひたすらこの作業を続け、早めに寝る。

9月15日　映画『ファニーズ』を観にいく

昼前に起きて島豆腐等を食べる。すぐに原稿にとりかかる。一息ついたところで、夕刻に新都心へ歩いて映画を観にいく。映画『ファニーズ』。お世話になっている芸能事務所FECの社長・山城智二さんの兄で同事務所の創設者でもある故・山城達樹さんを、弟である智二さんが描いた。ファニーズとは達樹さんが組んでいた漫才コンビの名前。二〇代後半で亡くなった達樹さんを知る人々をたずね、沖縄の「お笑い」の源流をたどっていく。ほとんど面識がある方々が登場しておられたことに驚く。凝縮された沖縄の「お笑い」の歴史がわかる。その中で山城達樹さんの立ち位置と存在感が伝わってくる。ぼくもクラウドファンディングで微力ながら協力したのでエンドロールに名前を載せてもらった。観終わったあとは、近所の「すみれ茶屋」へ。

9月16日　ひたすら原稿を書く

曇天。昼前に起き出して冷蔵庫にある野菜などを炒めて食べ、さっそく仕事にとりかかる。

今日はやーぐまいして原稿を書くことに決めた。疲れたら横になり、またパソコンに向かう。一定量をこなしたので、日をまたぐ前に寝てしまう。

9月17日　FECの「お笑い劇場」を観にいく

九時すぎに起きて自炊。昼過ぎまで原稿。南風原文化センターで開かれるFECオフィス主催の「FECお笑い劇場」へ。バスで行こうと思ったが経路がよくわからないので、一四時すぎにモノレールで首里駅まで行き、タクシーで行くことにした。

　駅前に開店していた「南谷茶房」に入って一休み。落ち着く店内。カフェオレが独特の苦みがあり、また来たいと思わせる味だった。タクシーをひろおう思って店を出ようとすると土砂降りの雨。店先でさあどうしたものかと立ちすくんでいると、店の方がまだ新しいビニ傘をくれた。ありがたい。何度も御礼を言って、タクシーで南風原文化センターへ。

　FEC社長の山城智二さんが監督した映画『ファニーズ』のクラウドファンディングの返礼品でこのイベントが観られるのだ。受け付けでFECの古参「ハンサム」の金城博之さんと相方の仲座健太さんと話す。お客さんはもちろん楽しんでいるのだが、自分たちがまず楽しんでいるFECの面々の雰囲気が好きだ。いちばんおもしろいと思った芸人に投票するのだが、ぼくはハンサムを選んだ。僅差で優勝。さすがベテラン、安定の漫才。

　観終わったあとは、タクシーを呼んでもらい来た道を引き返す。安里駅で降りて栄町の「おとん」で普久原朝充さんと合流して飯と酒。と、そこへ深谷慎平さんからメール。金鍾成《キムジョンソン》がFC琉球監督に復帰するという。深谷さんは近くの「ちぇ島」でパートナーと飲んでいるというので、ぼくと普久原さんはそっちへ合流。金監督にラインで連絡すると、明日には沖縄入りして練習から参加すると返事が返ってきた。お祝いせねば。そういえば琉球の監督を退任した頃に、深谷さんといっしょに東京・江東区枝川の自宅におじゃまして取材したことがあった。「琉球新報」に掲載し、のちに同社から連載をまとめた『沖縄ひとモノガタリ』に所収した。

金監督は、二〇一六年にFC琉球の監督に就任、指揮三年目の一八年にはJ3で史上最速でチームを優勝に導いた。クラブ史上初のJ2昇格だった。シーズン終了後、契約満了により退任、一九年からは琉球と共にJ2に昇格した鹿児島ユナイテッドFCの監督に就任した。が、結果は二一位に終わり、J3降格が決定。二〇年はJ3で4位に終わり、シーズン終了後に鹿児島の監督を退任していた。二一年五月、ガイナーレ鳥取の監督に就任したが、二三年六月、ガイナーレ鳥取より監督解任されていた。いわば浪人の身だったわけだ。一方、FC琉球は今季、二人の監督が成績低迷を理由に辞任、コーチが監督の代理を務めていた。数試合数を残した状況に金さんが合流する。シーズンが終わったら彼を囲んで飲み会をやろう。

深谷、普久原、藤井は近くの大分料理「勝男」へ流れると、なんとハイボールが一〇円。ふだんから安いのだが、ハッピーアワーならぬハッピーウィークにあたったようだ。

9月18日　部屋にこもって本を読む

昼前に起きて素麵を茹でて食べ、すぐに仕事にとりかかる。疲れたら横になり、また書き出す。腹がへったら何かつくって喰う。その繰り返し。誰とも話さず。集合郵便受けを見に行っただけ。藤本和子さんが訳したリチャード・ブローティガン『西瓜糖の日々』(一九七五)を読みながら〇時前に寝る。藤本さんが訳したリチャード・ブローティガンの『アメリカの鱒釣り』(一九七五)と『芝生の復讐』(一九七六)も届いた。

9月19日　若手政治家有志の会結成のニュース

昼前に起き出して島豆腐等を食べる。毎日のように食べてもあきない。洗濯。バルコニーの掃除と剪定。夕刻まで仕事をして原稿のメドがついた。栄町で深谷慎平さんと合流。先日行ったばかりの焼き肉店「ここから」で酒と飯。

辺野古新基地建設反対を打ち出した市町村議員一〇七人が有志の会を結成した。「沖縄タイムス」の社説（二〇二三年九月一九日付）から引用する。

閉塞《へいそく》感が漂う現状に強い危機感を抱く市町村議員が「辺野古新基地建設反対」を前面に掲げ、有志の会を結成した。九月から呼びかけを始め、一六日の時点で無所属を中心に、二八市町村一〇七人が賛同したという。結成会見には三人の発起人を含む三九人が出席した。若手議員が目立つ。発起人の一人、読谷村議の與那覇沙姫さんは「一年前までは保育士として過ごしてきた」という。子育て世代の苦労を肌身で感じてきた議員だ。

自治体議員として自治の視点を強調するのは名護市議の多嘉山侑三さん。「この島のことを自分たちで決めるんだという自己決定の力、そのことをいま一度呼びかけたい」

宣言の中に三項目の行動指針を掲げている。（1）新基地建設反対を貫く県知事の行動を後押しする（2）沖縄の自治を実現する（3）県民の安全・安心な暮らしの確保と希望に満ちた子どもたちの未来を実現する――の三点。

「オール沖縄」がかつての「革新共闘」のように逆戻りして、その意思決定の密室性やイデオロギー対立による不協和音などが問題視されてきて久しい。ぼくもジャン松元さんとつくった『沖縄ひとモノダカリ』で、オール沖縄の政治家朝令暮改ぶりや、時代錯誤の男尊女卑的な思想を批判する人を何人も取り上げた。ぼくなりの意見表明のつもりだった。

9月20日　今日も新里堅進さんの作品を古書店で買い集める

午前中に起き出してパスタを茹でて食べる。夕刻まで雑務と読書。モノレールと徒歩で泉崎の「ちはや書房」へ。取りおきしてもらっていた新里堅進さんの『泊阿嘉《トゥマイカー》―おきなわ悲恋ものがたり』(一九八八)を引き取り、店頭にあった『琉球王朝史1―琉球王国の成立』(一九九一)、『首里城ものがたり』(上下巻、一九九二)、『わが夢は八重瀬をこえて―謝花昇物語』(一九九七)、沖縄発の雑誌「モモト」四六号(二〇一一)もあわせて購入。ミステリーはめったに読まないのだが、タイトルとざっと読んだ帯にひかれてアイヴィ・ポコーダの『女たちが死んだ街で』(二〇二二)も購入。

暑いので県庁横の「GREEN CAFE」で一休み。ぼくの大好きな大型のコウモリランなどがびっしりと配置され、じつに心地よい。『女たちが死んだ街で』を読み始める。汗もひいたので、栄町まで歩いて「ちぇ鳥」の暖簾をくぐる。一番客。店主の崔泰龍さんとFC琉球の話をいろいろする。シーズンが終わったら金鐘成監督を招待しよう。一人で飲んでいると、沖縄大学教員の須藤義人さんが来てあれこれ話す。帰りに「すみれ茶屋」に寄り、焼酎を一杯だけ飲んで帰宅。

9月21日　ドキュメンタリー『米兵が撮ったナガサキ』を記事で紹介する

昼前に起きてパスタを自炊して食べる。ただちに仕事にとりかかる。共同通信配信の月イチ連載「深よみＴＶ」（九月分）の原稿を書く。今回は『米兵が撮ったナガサキ―孫がたどる戦争の記憶』（大分放送制作・二〇二三年九月一九日放送）。

米国出身のトレバー・スレビンさんは大分県玖珠町で、二〇一七年から外国語指導助手として子どもたちに英語を教えている三〇歳の男性だ。来日後に長崎を訪れ、そのことをアメリカの家族に伝えたところ、祖父が長崎に三か月駐留していたことを知らされる。実家には祖父が当時撮影した原爆が投下された間もない時期の瓦礫と化した二一枚の長崎の街の惨状が記録されていたことも知る。そこから、トレバーさんが生れる三か月前に亡くなった祖父キャロル・スレビンさんの旅の足跡を、孫が追った。

祖父は、海兵隊の兵士だった。サイパンや沖縄で戦い、終戦直後に長崎にきた。スレビンさんは祖父もかつていた九州に自分もいる。祖父がどの位置から撮影をしたのかを探すため、長崎に通うようになる。長崎での平和運動のアクティビストらの協力もあって一八枚の撮影ポイントを特定、小学校の任期終了まで、小学校等で祖父の足跡を紹介しながら平和の重要性を伝える講演をするまでになる。

小学校以外でも大人相手に講演を始めるようになってからは、辛辣な質問が出る。アメリカの一般的な原爆に対する考えは戦争を早く終わらせるために必要だったと肯定的だが、あなたはどう思っているのか――という質問をよく受けるようになった。

トレバーさんは、今までは中立的だったが長崎に行って考え方が変わったことを吐露する。「原爆なんかなくなってしまえ」。そう英語で言って言葉に詰まった。

当時の祖父がどういう思いで撮影したかはわかるべくもないが、現実を記録した「写真」は時空を飛び越えて孫の胸中で平和へのメッセージに変容したのは事実だ。しかし、トレバーさんの変容や想像力は、「落とされた側」の惜しみない協力や議論があったからこそあり得たのではないだろうか。

いっしょに録画しておいた『FIND MY LIFE 戦後78年目のGIベビーたち』(NHK-BS)も観る。

9月22日　また今日も新里堅進さんの作品を集めに回る

九時すぎに起き出し素麵を茹でて食べる。昼過ぎまで読書等して過ごす。集英社の「kotoba」(二〇二三年秋号)の木村元彦さんの「沖縄へイトニュースの真実」(前編)を読む。二〇一七年に放送された東京メトロポリタンテレビジョン(MXテレビ)が流した「ニュース女子」という番組で、取材も何もせず沖縄の住民運動を悪意に満ちた姿勢で取り上げた。その上、辛淑玉さんが支持派で運動にカネを渡しているとのデタラメを流したのである。前代未聞のヘイト事件に発展した。辛さんに対してはすさまじい嫌がらせが相次ぎ、海外へ避難するに至った。のちに辛さんはMXテレビを相手取って裁判を起こし勝訴する。

スポンサーはこの番組に同調する化粧品会社のDHCで、会長もヘイト発言を自社のホームページでおこなっていた。番組はBPO（放送倫理・番組向上機構）で放送倫理違反を指摘され、番組はしばらくあとに打ち切られた。木村さんはMXテレビの社長にインタビューをおこない、番組の司会を務めていた長谷川幸洋さんにも取材を申し込んだが、断られている。木村さんの執拗ともいえる取材魂に感服。

モノレールで古島駅まで行ってタクシーに乗り継ぎ、週に半分しかあけない古書店「小雨堂」へ。サブカルグッズも一部扱っている。ちょっと辺鄙なところにある、前から気になっていた店だ。店内に入ろうとすると仰天。本棚はあるのだが、店内の大半は古書が山のように積み上げられている。ぼくの身長ぐらいある。それをかろうじて周回するように人一人が蟹歩きできる程度の「道」が残されているだけなのだが、店長の新垣英樹さんはどの本がどこにあるかだいたい把握している。

新垣さんとゆんたくしながら、店内を物色。取りおきしてもらっていた新里堅進さん関係の資料で、『コミックおきなわ同窓会スペシャル』（一九九九）を買いもとめる。足の踏み場もない本の山の中から『史劇―謝名親方』（一九八三）、『かがり火―ロベルトソン号救助物語』（一九九六）、『真喜志康忠シリーズ うちなー芝居名作劇場』の全三巻（作画がすべて新里さん）と、『まんが偉人伝―沖縄史の五人』シリーズ全五巻を発掘してもらい、すべて買う。後者の中で「蔡温」の巻だけ作画が新里さんだったが、古書は出会いだ。揃いで買った。他の巻も沖縄の漫画家だし、琉球史をもう一度漫画で読み通してみようと思った。一九七一年下半期の芥川賞を取った東峰夫さんの『貧の達人』（二〇〇四）も買う。この方が表舞台から姿を消してから長い。超寡作の方でこの本がいまのところ最新の著作。

そのあとは、ジュンク堂書店に寄って一休み。一階のカフェで森本浩平さんと小一時間ほどゆんたく。次に泊へ移動して古書店の「ラテラ舎」へ。これもまた取りおきしてもらっていた新里堅進さんの『奥山の牡丹―沖縄歌劇の巨星・伊良波尹吉物語』（二〇〇〇）を受け取る。そのあとは、数軒並びの「串豚」で上原岳文さんと合流。頼んであった新里堅進さんの『シュガーローフの戦い―日米少年兵達の戦場』（二〇一五）全三巻を受け取る。図書館で借りてもらったのだ。

店内では沖縄お笑い界のレジェンド「ゆうりきやー」の「おじい役」で有名な城間祐司さんとばったり、ご挨拶。上原さんとかるく飲み食いしてから、「すみれ茶屋」になんとなく足が向いたので暖簾をくぐると、なんと城間さんがいらっしゃる。「いま藤井さんの話、してたんですよ～」。最近この店を知ったのだという。ぼくの本は数冊読んでくだっているそうで、恐縮。しばらく沖縄のお笑い界の話をいろいろ聞かせてもらう。テレビやCMで観る「おじい役」のイメージが強すぎててっきり年上かと思い込んでいたのだが、ぼくより四歳下だった。

9月23日　取り壊しが決まっている建築を見にいく

午前中に起きてパスタを茹でて食べる。何冊か昨日買った本を拾い読みして、南風原にある玉城青少年の家へ。一九七〇年代に建てられた歴史的価値のある名建築なのだが、建て替えられることになったため、「玉城青少年の家・宿泊棟お別れ見学会―建物に残る七〇年代の思いさがし」と銘打って、普久原朝充さんが建物の案内&説明会をやるというので、参加させてもらう。首里駅までモノレール。あとはタクシーでえんえん走ってたどりつく。

「建築を看取る会」だと彼は言っていたが、ずいぶん粋な言い方を考えたものだ。案内は指定管理者の一般社団法人・沖縄じんぶん考房の山﨑新さん。山﨑さんの出身地は、いまぼくが東京で暮らしている街と同じだったのでびっくり。建物はコンクリ打ちっぱなしで斬新。リノベーションしてまだまだ使えそう。自然に囲まれすばらしいロケーション。星空観察でよく子どもたちが利用していたそうだ。ぼくが気になったのは開館した一九七四年当時に遺骨調査はしたのだろうか。その記録が行政のどこにあるのか、ないのかわからないという。窓口もない。この建物は年内に解体するわけだが、そのときも遺骨発掘調査をおこなってほしい。この一帯は自然壕もあり、戦闘が激しかったところだ。行方不明者の遺骨が埋まっているはずだ。

帰りは普久原さんのクルマに乗っけてもらって栄町へ。「おとん」に顔を出して、いろいろつまみながら飲む。二軒目は、何十年も二四時間営業で有名だった「大嶺書店」あとに入ったネパール料理店「ザ・ヴィレッジ レストラン&バー」へ。ネパール料理メインだがメキシコ料理も供するちょっと嗜好の変わった店。お腹はわりとふくれていたので、ネパールのお酒「ククリラム」を何杯かと、料理名は忘れたが、ポークとマトンをスパイシーに焼いたものをそれぞれ一皿ずついただく。ここの料理は美味しい。日本で生まれたという男の子がゲームの合間に料理を運んできてくれたり、料理の説明をしてくれる。

9月24日　ドキュメンタリー『〝冤罪〟の深層〜警視庁公安部で何が〜』を観る

九時すぎに起きて昨日買っておいた鯖の照り焼きをレトルトご飯の上にのっける。小松菜を湯搔いて豆乳マヨネーズ。今日はこもって本を読もうと決め、鷲田清一さんの『「聴く」ことの力—臨床哲学試論』（一九九九）と、先日買った東峰夫さんの『貧の達人』。東さんは長らくというか、永遠に精神世界にいってしまっているのだなあ。

夜にNHKスペシャル『〝冤罪〟の深層～警視庁公安部で何が～』を観て刮目。旧番組制作局のディレクターと社会部記者の合同プロジェクトによる取材・制作だという。三年前、軍事転用が可能な噴霧乾燥機（化学兵器の製造に転用可能とされた）を中国に不正に輸出したとして、横浜市の大川原化工機の社長ら三人が逮捕。しかし、長期勾留ののち異例の起訴取り消しとなった。冤罪、つまり証拠のデッチ上げだったことを検察庁内部からの告発で判明したのだ。証人調書などの裁判資料、大川原化工機と警察関係者への徹底的な取材で得た証言や資料から明らかにするのは、久々にテレビジャーナリズムの力を見た思いがした。共同通信連載用にこんな原稿を書いた。

私はこの事件のことも、その後の民事裁判も記憶になかった。二〇二〇年、化学兵器に軍事転用が可能な噴霧乾燥機を中国に不正に輸出したとして、神奈川県横浜市の大川原化工機の社長ら三人が逮捕された。逮捕された社長らは起訴されたが、無罪主張を曲げないまま身柄を勾留され続け、勾留中に一人の会社幹部は病に倒れ、帰らぬ人となった。

この事件の大きな山場は、摘発された会社宛てに、当の警察内部の捜査員から「これはデッチ上げ捜査」だという内部告発状が届いたことである。そこから、調書の内容をデッチ上げ、杜撰な証拠を作成し、部下の「捜査に無理があるのではないか」という捜査内部の異論にも上部がまったく耳を傾けなかった内部事情が明らかになり、控訴取り消しへとつながる。事件は冤罪だった。

取材陣は内部告発をした捜査員も特定し、近い人物から証言を得ている。当然、国倍訴訟で、証人として法廷で証言捜査に当たった警察官らにも直当たりしてもしている。冤罪をデッチ上げた腐敗権力の走狗がカメラから逃げまどうシーンは私の瞼に焼きついている。

会社側は国と都を相手に損害賠償請求を起こし、その口頭弁論で捜査に当たった警察官らははっきりと冤罪だったと証言した。記者たちは双方の証人の調書を丹念に検証し、捜査側が描いた「冤罪」の構図を浮かび上がらせていく。

専門知識が必要とされる証拠類も専門家にあたり、杜撰さを実証するなど、隙のない、若い記者たちのまさに「調査報道」は、「反権力」という言葉だけでは括ることができない。腐敗した権力組織の暴走を途中で省みることができない官僚主義の構造と、関わった権力者のあさましさ、誰も責任を取ろうとしない体質を明らかにした。

冤罪に関わった捜査員はその後出世し、起訴した検察官は謝罪もしていない。

9月25日　新里堅進さんの本をどんどん読む

午前中に起きて、パスタを自炊。那覇で買い集めた新里堅進さんの作品群をどんどん読み込んでいく。昼寝をしていたら夕刻。

9月26日　「米仙」の初代と再会

午前中にむつみ橋のスタバで冷たいコーヒーを飲む。今日は漫画家の新里堅進さんに会う。氏のお好きだという泡盛「首里天《すいてん》」を探して四～五軒探すが、ミニボトルしかない。あきらめかけて最後の一軒に寄ると、店内のあちこちを探してくれて埃をうっすらまとった一升瓶を見つけてくれた。いつから置いてあるんですかと聞けば、なんと一二年。立派な古酒じゃないか。新里さんが喜んでくれたのはいうまでもない。

昼に松尾の昭和感あふれる「ローズルーム」で知花園子さんと合流し、漫画家・新里堅進さんを待つ。三〇分ほどしてご本人登場。一通り打ち合わせをしたあと、イベントとは別に、ぼくが新里さんの長い人物ルポを書きたい思っていることを提案させていただく。出版社も何も決まっていないが、新里さんには快諾していただけた。

一時間ほどして「沖縄タイムス」の球記者がイベントの事前取材に来る。新里さんを駐車場までお送りして、かるくお祝いの気持ちで「米仙」に開店前に行ったら、二代目が「今日（於本）英樹さん、沖縄に来てますよ」と教えてくれた。ぼくが「米仙」にハマった初代の熟練の寿司職人。なんという偶然。メールすると、いまちょうど時間があるので行きますと返事が来て、久々に飲んだ。東京の赤羽で近々、店をやるそう。

9月27日　部屋で読書

昨夜は寝苦しく何度も起きて、そのたびに睡眠導入剤を飲んだ。昼前に起き出して、パスタを茹でて、出来合いのソースをかけて食べる。明朝に名古屋へ移動するので、たまっていた洗濯をする。掃除も少々。今日は出かけずに静かに本でも読もうと決めた。先日読みかけた鷲田清一さんの『「聴く」ことの力―臨床哲学試論』のページを開く。同時並行で二〇〇二年刊行の『オキナワをうたう―登川誠仁自伝』（構成・藤田正）をひろい読みする。

あとがき

沖縄では空を見上げることが多い。

それは「青い」からではない。ちなみに「青い空」とは一般的な沖縄イメージのワードだが、ぼくは沖縄の空は晴れていることは少なく、曇天のときが多いような気がする。湿度もすごい。天気のよくない日は「青い海」も観光向けの写真のような透き通ったものではなくなるし、晴れた日でもカタブイが降り出すこともしょっちゅうだ。


おっと、話が逸れた。

ぼくがよく空を見上げるのは、軍用機の爆音が聞こえるからだ。戦闘機の爆音が近づき、あっと言う間に遠ざかることもあれば、オスプレイが独特のプロペラを回すパタパタという音をまき散らしながらゆっくりと低空を飛んでいることも多い。それが地域によっても差があるが、人々はこの爆音の下で生活している。沖縄の日常の光景だ。

観光客の大半は意識していないと思うが、沖縄県は日米地位協定――空域事項は長らく秘密事項にされ、沖縄県の度重なる要請で開示された――によって、空の自由が制限されている。米軍基地だけではなく、米軍の訓練や保安などのための二〇の空域が設定され、沖縄県の米軍訓練空域の総面積は九万五四一五・七三平方キロメートルといわれている。沖縄の空をアメリカの軍用機が自分の家の庭のように我が物顔で飛び回り、騒音加害を沖縄の人々にまきちらしている。

一九五九年には墜落事故で多くの子どもたちが犠牲になった宮森小学校事件も起きており、部品を住宅地に落下させたり、海辺に墜落するなどの事件があとをたたない。二〇二三年一一月に起きた鹿児島県屋久島沖での墜落事故を受けて飛行を停止していたオスプレイは、二〇二四年三月には沖縄県の普天間基地で飛行を再開している。事故の原因も特定されていないのに、だ。


一冊目の二拠点日記の表紙には写真家の岡本尚文さんの写真を使わせていただいたが、今回も岡本さんの写真集『沖縄03ＳＫＹ』というシリーズの中の一枚である。このシリーズは、米軍の戦闘機やオスプレイ、自衛隊機や民間機、ドクターヘリなど、沖縄の空を飛ぶ航空機を並べることで沖縄の空の特異性を浮き彫りにしようとしている。

写真をよく見ると、オスプレイのお尻の開口部から兵士がこちらを見ているらしいことがわかる。あるいは訓練で身を乗り出して地上を観察しているのか。どちらにせよ、アメリカ軍は沖縄という土地を訓練場程度にしか考えていないのだろう。

今回も編集は論創社の谷川茂さんに担当していただいた。作品の提供を快諾していただいた岡本尚文さんにも感謝したい。そして、沖縄の地でぼくにいろいろなかたちで付き合ってくれた、くれている皆様にも心から御礼を申し上げたい。

二〇二四年六月　東京にて　　藤井 誠二

藤井誠二（ふじい・せいじ）

1965年愛知県生れ。ノンフィクションライター。ライターの他にもテレビやラジオ、インターネットのコメンテーターや司会、大学の非常勤講師を務めてきた。主な著書に『コリアン・サッカー・ブルース』、『人を殺してみたかった』、『暴力の学校 倒錯の街』、『体罰はなぜなくならないのか』、『殺された側の論理』、『加害者よ、死者のために真実を語れ』、森達也氏との対話本『死刑のある国ニッポン』。人物ルポ集として『「壁」を越えていく力』、『路上の熱量』。沖縄関連の著書として『沖縄アンダーグラウンド』（第5回沖縄書店大賞・沖縄部門大賞受賞）、『沖縄の街で暮らして教わったたくさんのことがら』、『沖縄でも暮らす』、『誰も書かなかった玉城デニーの青春』、『贖罪』がある。共著に、『沖縄 オトナの社会見学 R18』および『肉の王国―沖縄で愉しむ肉グルメ』（以上、仲村清司氏と普久原朝充氏との共著）、『沖縄ひとモノガタリ』（ジャン松元氏との共作）など。単著・共著合わせて50冊以上。ミックスルーツの女性の人生を描いたウェブ媒体のルポで「PEPジャーナリズム大賞・現場部門2021」を受賞。

論創ノンフィクション 058
沖縄では海を見ない
「内地」との二拠点生活日記 3

2025年1月15日　初版第1刷発行

編著者　藤井誠二
発行者　森下紀夫
発行所　論創社
東京都千代田区神田神保町 2-23　北井ビル
電話　03（3264）5254　振替口座　00160-1-155266

カバーデザイン　奥定泰之
カバー写真　岡本尚文
組版・本文デザイン　アジュール
校正　小山妙子
印刷・製本　精文堂印刷株式会社
編　集　谷川 茂

ISBN 978-4-8460-2420-8 C0036
© FUJII Seiji, Printed in Japan

落丁・乱丁本はお取り替えいたします